# HÚNGARO
## VOCABULÁRIO

**PALAVRAS MAIS ÚTEIS**

# PORTUGUÊS
# HÚNGARO

Para alargar o seu léxico e apurar
as suas competências linguísticas

**5000 palavras**

# Vocabulário Português-Húngaro - 5000 palavras
Por Andrey Taranov

Os vocabulários da T&P Books destinam-se a ajudar a aprender, a memorizar, e a rever palavras estrangeiras. O dicionário é dividido em temas, cobrindo todas as principais esferas de atividades quotidianas, negócios, ciência, cultura, etc.

O processo de aprendizagem, utilizando os dicionários baseados em temáticas da T&P Books dá-lhe as seguintes vantagens:

- Informação de origem corretamente agrupada predetermina o sucesso em fases subsequentes da memorização de palavras
- Disponibilização de palavras derivadas da mesma raiz, o que permite a memorização de unidades de texto (em vez de palavras separadas)
- Pequenas unidades de palavras facilitam o processo de estabelecimento de vínculos associativos necessários para a consolidação do vocabulário
- O nível de conhecimento da língua pode ser estimado pelo número de palavras aprendidas

Copyright © 2019 T&P Books Publishing

Todos os direitos reservados. Nenhuma parte desta publicação pode ser reproduzida, total ou parcialmente, por quaisquer métodos ou processos, sejam eles eletrónicos, mecânicos, de fotocópia ou outros, sem a autorização escrita do editor. Esta publicação não pode ser divulgada, copiada ou distribuída em nenhum formato.

T&P Books Publishing
www.tpbooks.com

ISBN: 978-1-78400-914-4

Este livro também está disponível em formato E-book.
Por favor visite www.tpbooks.com ou as principais livrarias on-line.

# VOCABULÁRIO HÚNGARO
palavras mais úteis

Os vocabulários da T&P Books destinam-se a ajudar a aprender, a memorizar, e a rever palavras estrangeiras. O vocabulário contém mais de 5000 palavras de uso comum organizadas tematicamente.

O vocabulário contém as palavras mais comummente usadas
Recomendado como adicional para qualquer curso de línguas
Satisfaz as necessidades dos iniciados e dos alunos avançados de línguas estrangeiras
Conveniente para o uso diário, sessões de revisão e atividades de auto-teste
Permite avaliar o seu vocabulário

## Características especias do vocabulário

- As palavras estão organizadas de acordo com o seu significado, e não por ordem alfabética
- As palavras são apresentadas em três colunas para facilitar os processos de revisão e auto-teste
- As palavras compostas são divididas em pequenos blocos para facilitar o processo de aprendizagem
- O vocabulário oferece uma transcrição simples e adequada de cada palavra estrangeira

## O vocabulário contém 155 tópicos incluindo:

Conceitos básicos, Números, Cores, Meses, Estações do ano, Unidades de medida, Roupas & Acessórios, Alimentos & Nutrição, Restaurante, Membros da Família, Parentes, Caráter, Sentimentos, Emoções, Doenças, Cidade, Passeios, Compras, Dinheiro, Casa, Lar, Escritório, Trabalho no Escritório, Importação & Exportação, Marketing, Pesquisa de Emprego, Desportos, Educação, Computador, Internet, Ferramentas, Natureza, Países, Nacionalidades e muito mais ...

# TABELA DE CONTEÚDOS

| | |
|---|---|
| Guia de pronunciação | 9 |
| Abreviaturas | 11 |

| CONCEITOS BÁSICOS | 12 |
|---|---|
| Conceitos básicos. Parte 1 | 12 |

| | |
|---|---|
| 1. Pronomes | 12 |
| 2. Cumprimentos. Saudações. Despedidas | 12 |
| 3. Como se dirigir a alguém | 13 |
| 4. Números cardinais. Parte 1 | 13 |
| 5. Números cardinais. Parte 2 | 14 |
| 6. Números ordinais | 15 |
| 7. Números. Frações | 15 |
| 8. Números. Operações básicas | 15 |
| 9. Números. Diversos | 15 |
| 10. Os verbos mais importantes. Parte 1 | 16 |
| 11. Os verbos mais importantes. Parte 2 | 17 |
| 12. Os verbos mais importantes. Parte 3 | 18 |
| 13. Os verbos mais importantes. Parte 4 | 19 |
| 14. Cores | 19 |
| 15. Questões | 20 |
| 16. Preposições | 21 |
| 17. Palavras funcionais. Advérbios. Parte 1 | 21 |
| 18. Palavras funcionais. Advérbios. Parte 2 | 23 |

| Conceitos básicos. Parte 2 | 25 |
|---|---|
| 19. Dias da semana | 25 |
| 20. Horas. Dia e noite | 25 |
| 21. Meses. Estações | 26 |
| 22. Unidades de medida | 28 |
| 23. Recipientes | 29 |

| O SER HUMANO | 30 |
|---|---|
| O ser humano. O corpo | 30 |
| 24. Cabeça | 30 |
| 25. Corpo humano | 31 |

| Vestuário & Acessórios | 32 |
|---|---|
| 26. Roupa exterior. Casacos | 32 |
| 27. Vestuário de homem & mulher | 32 |

28. Vestuário. Roupa interior 33
29. Adereços de cabeça 33
30. Calçado 33
31. Acessórios pessoais 34
32. Vestuário. Diversos 34
33. Cuidados pessoais. Cosméticos 35
34. Relógios de pulso. Relógios 36

Alimentação. Nutrição 37

35. Comida 37
36. Bebidas 38
37. Vegetais 39
38. Frutos. Nozes 40
39. Pão. Bolaria 41
40. Pratos cozinhados 41
41. Especiarias 42
42. Refeições 43
43. Por a mesa 43
44. Restaurante 44

Família, parentes e amigos 45

45. Informação pessoal. Formulários 45
46. Membros da família. Parentes 45

Medicina 47

47. Doenças 47
48. Sintomas. Tratamentos. Parte 1 48
49. Sintomas. Tratamentos. Parte 2 49
50. Sintomas. Tratamentos. Parte 3 50
51. Médicos 51
52. Medicina. Drogas. Acessórios 51

HABITAT HUMANO 52
Cidade 52

53. Cidade. Vida na cidade 52
54. Instituições urbanas 53
55. Sinais 54
56. Transportes urbanos 55
57. Turismo 56
58. Compras 57
59. Dinheiro 58
60. Correios. Serviço postal 59

Moradia. Casa. Lar 60

61. Casa. Eletricidade 60

| | | |
|---|---|---|
| 62. | Moradia. Mansão | 60 |
| 63. | Apartamento | 60 |
| 64. | Mobiliário. Interior | 61 |
| 65. | Quarto de dormir | 62 |
| 66. | Cozinha | 62 |
| 67. | Casa de banho | 63 |
| 68. | Eletrodomésticos | 64 |

| | | |
|---|---|---|
| **ATIVIDADES HUMANAS** | | **65** |
| **Emprego. Negócios. Parte 1** | | **65** |
| 69. | Escritório. O trabalho no escritório | 65 |
| 70. | Processos negociais. Parte 1 | 66 |
| 71. | Processos negociais. Parte 2 | 67 |
| 72. | Produção. Trabalhos | 68 |
| 73. | Contrato. Acordo | 69 |
| 74. | Importação & Exportação | 70 |
| 75. | Finanças | 70 |
| 76. | Marketing | 71 |
| 77. | Publicidade | 71 |
| 78. | Banca | 72 |
| 79. | Telefone. Conversação telefónica | 73 |
| 80. | Telefone móvel | 73 |
| 81. | Estacionário | 74 |
| 82. | Tipos de negócios | 74 |

| | | |
|---|---|---|
| **Emprego. Negócios. Parte 2** | | **77** |
| 83. | Espetáculo. Feira | 77 |
| 84. | Ciência. Investigação. Cientistas | 78 |

| | | |
|---|---|---|
| **Profissões e ocupações** | | **79** |
| 85. | Procura de emprego. Demissão | 79 |
| 86. | Gente de negócios | 79 |
| 87. | Profissões de serviços | 80 |
| 88. | Profissões militares e postos | 81 |
| 89. | Oficiais. Padres | 82 |
| 90. | Profissões agrícolas | 82 |
| 91. | Profissões artísticas | 83 |
| 92. | Várias profissões | 83 |
| 93. | Ocupações. Estatuto social | 85 |

| | | |
|---|---|---|
| **Educação** | | **86** |
| 94. | Escola | 86 |
| 95. | Colégio. Universidade | 87 |
| 96. | Ciências. Disciplinas | 88 |
| 97. | Sistema de escrita. Ortografia | 88 |
| 98. | Línguas estrangeiras | 89 |

| Descanso. Entretenimento. Viagens | 91 |
|---|---|
| 99. Viagens | 91 |
| 100. Hotel | 91 |

| EQUIPAMENTO TÉCNICO. TRANSPORTES | 93 |
|---|---|
| Equipamento técnico. Transportes | 93 |
| 101. Computador | 93 |
| 102. Internet. E-mail | 94 |
| 103. Eletricidade | 95 |
| 104. Ferramentas | 95 |

| Transportes | 98 |
|---|---|
| 105. Avião | 98 |
| 106. Comboio | 99 |
| 107. Barco | 100 |
| 108. Aeroporto | 101 |

| Eventos | 103 |
|---|---|
| 109. Férias. Evento | 103 |
| 110. Funerais. Enterro | 104 |
| 111. Guerra. Soldados | 104 |
| 112. Guerra. Ações militares. Parte 1 | 105 |
| 113. Guerra. Ações militares. Parte 2 | 107 |
| 114. Armas | 108 |
| 115. Povos da antiguidade | 110 |
| 116. Idade média | 110 |
| 117. Líder. Chefe. Autoridades | 112 |
| 118. Viloação da lei. Criminosos. Parte 1 | 113 |
| 119. Viloação da lei. Criminosos. Parte 2 | 114 |
| 120. Polícia. Lei. Parte 1 | 115 |
| 121. Polícia. Lei. Parte 2 | 116 |

| NATUREZA | 118 |
|---|---|
| A Terra. Parte 1 | 118 |
| 122. Espaço sideral | 118 |
| 123. A Terra | 119 |
| 124. Pontos cardeais | 120 |
| 125. Mar. Oceano | 120 |
| 126. Nomes de Mares e Oceanos | 121 |
| 127. Montanhas | 122 |
| 128. Nomes de montanhas | 123 |
| 129. Rios | 123 |
| 130. Nomes de rios | 124 |
| 131. Floresta | 124 |
| 132. Recursos naturais | 125 |

| A Terra. Parte 2 | 127 |
|---|---|
| 133. Tempo | 127 |
| 134. Tempo extremo. Catástrofes naturais | 128 |

| Fauna | 129 |
|---|---|
| 135. Mamíferos. Predadores | 129 |
| 136. Animais selvagens | 129 |
| 137. Animais domésticos | 130 |
| 138. Pássaros | 131 |
| 139. Peixes. Animais marinhos | 133 |
| 140. Amfíbios. Répteis | 133 |
| 141. Insetos | 134 |

| Flora | 135 |
|---|---|
| 142. Árvores | 135 |
| 143. Arbustos | 135 |
| 144. Frutos. Bagas | 136 |
| 145. Flores. Plantas | 136 |
| 146. Cereais, grãos | 138 |

| PAÍSES. NACIONALIDADES | 139 |
|---|---|
| 147. Europa Ocidental | 139 |
| 148. Europa Central e de Leste | 139 |
| 149. Países da ex-URSS | 140 |
| 150. Asia | 140 |
| 151. América do Norte | 141 |
| 152. América Central do Sul | 141 |
| 153. Africa | 142 |
| 154. Austrália. Oceania | 142 |
| 155. Cidades | 142 |

# GUIA DE PRONUNCIAÇÃO

| Alfabeto fonético T&P | Exemplo Húngaro | Exemplo Português |
|---|---|---|

## Vogais

| | | |
|---|---|---|
| [ɒ] | takaró [tɒkɒroː] | chamar |
| [aː] | bátor [baːtor] | rapaz |
| [ɛ] | öreg [ørɛg] | mesquita |
| [eː] | csésze [tʃeːsɛ] | plateia |
| [i] | viccel [vitsɛl] | sinónimo |
| [iː] | híd [hiːd] | cair |
| [o] | komoly [komoj] | lobo |
| [oː] | óvoda [oːvodɒ] | albatroz |
| [ø] | könny [køɲː] | orgulhoso |
| [øː] | rendőr [rɛndøːr] | orgulhoso |
| [u] | tud [tud] | bonita |
| [uː] | bútor [buːtor] | blusa |
| [y] | üveg [yvɛg] | questionar |
| [yː] | tűzoltó [tyːzoltoː] | vermelho |

## Consoantes

| | | |
|---|---|---|
| [b] | borsó [borʃoː] | barril |
| [c] | kutya [kucɒ] | Tchim-tchim! |
| [ts] | recept [rɛtsɛpt] | tsé-tsé |
| [tʃ] | bocsát [botʃaːt] | Tchau! |
| [d] | dal [dɒl] | dentista |
| [dz] | edző [ɛdzøː] | pizza |
| [dʒ] | dzsem [dʒɛm] | adjetivo |
| [f] | feltétel [fɛlteːtɛl] | safári |
| [g] | régen [reːgɛn] | gosto |
| [h] | homok [homok] | [h] aspirada |
| [j] | játszik [jaːtsik] | géiser |
| [ɟ] | negyven [nɛɟvɛn] | jingle |
| [k] | katalógus [kɒtɒloːguʃ] | kiwi |
| [l] | olcsó [oltʃoː] | libra |
| [m] | megment [mɛgmɛnt] | magnólia |
| [n] | négyzet [neːɟzɛt] | natureza |
| [ŋ] | senki [ʃɛŋki] | alcançar |
| [ɲ] | kanyar [kɒɲɒr] | ninhada |
| [p] | pizsama [piʒɒmɒ] | presente |
| [r] | köröm [kørøm] | riscar |

**Alfabeto fonético T&P** **Exemplo Húngaro** **Exemplo Português**

| | | |
|---|---|---|
| [s] | szoknya [sokɲɒ] | sanita |
| [ʃ] | siet [ʃiɛt] | mês |
| [t] | táska [taːʃkɒ] | tulipa |
| [v] | vezető [vɛzɛtøː] | fava |
| [z] | frizura [frizurɒ] | sésamo |
| [ʒ] | mazsola [mɒʒolɒ] | talvez |

# ABREVIATURAS
## usadas no vocabulário

### Abreviaturas do Português

| | | |
|---|---|---|
| adj | - | adjetivo |
| adv | - | advérbio |
| anim. | - | animado |
| conj. | - | conjunção |
| desp. | - | desporto |
| etc. | - | etecetra |
| ex. | - | por exemplo |
| f | - | nome feminino |
| f pl | - | feminino plural |
| fem. | - | feminino |
| inanim. | - | inanimado |
| m | - | nome masculino |
| m pl | - | masculino plural |
| m, f | - | masculino, feminino |
| masc. | - | masculino |
| mat. | - | matemática |
| mil. | - | militar |
| pl | - | plural |
| prep. | - | preposição |
| pron. | - | pronome |
| sb. | - | sobre |
| sing. | - | singular |
| v aux | - | verbo auxiliar |
| vi | - | verbo intransitivo |
| vi, vt | - | verbo intransitivo, transitivo |
| vr | - | verbo reflexivo |
| vt | - | verbo transitivo |

# CONCEITOS BÁSICOS

## Conceitos básicos. Parte 1

### 1. Pronomes

| | | |
|---|---|---|
| eu | én | [eːn] |
| tu | te | [tɛ] |
| ele, ela | ő | [øː] |
| nós | mi | [mi] |
| vocês | ti | [ti] |
| eles, elas | ők | [øːk] |

### 2. Cumprimentos. Saudações. Despedidas

| | | |
|---|---|---|
| Olá! | Szervusz! | [sɛrvus] |
| Bom dia! (formal) | Szervusztok! | [sɛrvustok] |
| Bom dia! (de manhã) | Jó reggelt! | [joː rɛggɛlt] |
| Boa tarde! | Jó napot! | [joː nɒpot] |
| Boa noite! | Jó estét! | [joː ɛʃteːt] |
| cumprimentar (vt) | köszönt | [køsønt] |
| Olá! | Szia! | [siɒ] |
| saudação (f) | üdvözlet | [ydvøzlɛt] |
| saudar (vt) | üdvözöl | [ydvøzøl] |
| Como vai? | Hogy vagy? | [hoɟ vɒɟ] |
| O que há de novo? | Mi újság? | [mi uːjʃaːg] |
| Até à vista! | Viszontlátásra! | [visont laːtaːʃrɒ] |
| Até breve! | A közeli viszontlátásra! | [ɒ køzɛli visont laːtaːʃrɒ] |
| Adeus! (sing.) | Isten veled! | [iʃtɛn vɛlɛd] |
| Adeus! (pl) | Isten vele! | [iʃtɛn vɛlɛ] |
| despedir-se (vr) | elbúcsúzik | [ɛlbuːtʃuːzik] |
| Até logo! | Viszlát! | [vislaːt] |
| Obrigado! -a! | Köszönöm! | [køsønøm] |
| Muito obrigado! -a! | Köszönöm szépen! | [køsønøm seːpɛn] |
| De nada | Kérem. | [keːrɛm] |
| Não tem de quê | szóra sem érdemes | [soːrɒ ʃɛm eːrdɛmɛʃ] |
| De nada | nincs mit | [nintʃ mit] |
| Desculpa! -pe! | Bocsánat! | [botʃaːnɒt] |
| desculpar (vt) | bocsát | [botʃaːt] |
| desculpar-se (vr) | bocsánatot kér | [botʃaːnɒtot keːr] |
| As minhas desculpas | bocsánatot kérek | [botʃaːnɒtot keːrɛk] |

| Desculpe! | Elnézést! | [ɛlneːzeːʃt] |
| perdoar (vt) | bocsát | [botʃaːt] |
| por favor | kérem szépen | [keːrɛm seːpɛn] |

| Não se esqueça! | Ne felejtse! | [nɛ fɛlɛjtʃɛ] |
| Certamente! Claro! | Persze! | [pɛrsɛ] |
| Claro que não! | Persze nem! | [pɛrsɛ nɛm] |
| Está bem! De acordo! | Jól van! | [joːl vɒn] |
| Basta! | Elég! | [ɛleːg] |

## 3. Como se dirigir a alguém

| senhor | Uram | [urɒm] |
| senhora | Asszonyom | [ɒssonøm] |
| rapariga | Fiatalasszony | [fiɒtɒl ɒssoɲ] |
| rapaz | Fiatalember | [fiɒtɒl ɛmbɛr] |
| menino | Kisfiú | [kiʃfiuː] |
| menina | Kislány | [kiʃlaːɲ] |

## 4. Números cardinais. Parte 1

| zero | nulla | [nullɒ] |
| um | egy | [ɛɟ] |
| dois | kettő, két | [kɛttøː], [keːt] |
| três | három | [haːrom] |
| quatro | négy | [neːɟ] |

| cinco | öt | [øt] |
| seis | hat | [hɒt] |
| sete | hét | [heːt] |
| oito | nyolc | [ɲolts] |
| nove | kilenc | [kilɛnts] |

| dez | tíz | [tiːz] |
| onze | tizenegy | [tizɛnɛɟ] |
| doze | tizenkettő | [tizɛŋkɛttøː] |
| treze | tizenhárom | [tizɛnhaːrom] |
| catorze | tizennégy | [tizɛnneːɟ] |

| quinze | tizenöt | [tizɛnøt] |
| dezasseis | tizenhat | [tizɛnhɒt] |
| dezassete | tizenhét | [tizɛnheːt] |
| dezoito | tizennyolc | [tizɛɲɲølts] |
| dezanove | tizenkilenc | [tizɛŋkilɛnts] |

| vinte | húsz | [huːs] |
| vinte e um | huszonegy | [husonɛɟ] |
| vinte e dois | huszonkettő | [huson kɛttøː] |
| vinte e três | huszonhárom | [huson haːrom] |

| trinta | harminc | [hɒrmints] |
| trinta e um | harmincegy | [hɒrmintsɛɟ] |

| trinta e dois | harminckettő | [hɒrmints kɛttø:] |
| trinta e três | harminchárom | [hɒrmintshaːrom] |

| quarenta | negyven | [nɛɟvɛn] |
| quarenta e um | negyvenegy | [nɛɟvɛnɛɟ] |
| quarenta e dois | negyvenkettő | [nɛɟvɛn kɛttø:] |
| quarenta e três | negyvenhárom | [nɛɟvɛn haːrom] |

| cinquenta | ötven | [øtvɛn] |
| cinquenta e um | ötvenegy | [øtvɛnɛɟ] |
| cinquenta e dois | ötvenkettő | [øtvɛn kɛttø:] |
| cinquenta e três | ötvenhárom | [øtvɛn haːrom] |

| sessenta | hatvan | [hɒtvɒn] |
| sessenta e um | hatvanegy | [hɒtvɒnɛɟ] |
| sessenta e dois | hatvankettő | [hɒtvɒn kɛttø:] |
| sessenta e três | hatvanhárom | [hɒtvɒn haːrom] |

| setenta | hetven | [hɛtvɛn] |
| setenta e um | hetvenegy | [hɛtvɛnɛɟ] |
| setenta e dois | hetvenkettő | [hɛtvɛn kɛttø:] |
| setenta e três | hetvenhárom | [hɛtvɛn haːrom] |

| oitenta | nyolcvan | [ɲoltsvɒn] |
| oitenta e um | nyolcvanegy | [ɲoltsvɒnɛɟ] |
| oitenta e dois | nyolcvankettő | [ɲoltsvɒn kɛttø:] |
| oitenta e três | nyolcvanhárom | [ɲoltsvɒn haːrom] |

| noventa | kilencven | [kilɛntsvɛn] |
| noventa e um | kilencvenegy | [kilɛntsvɛnɛɟ] |
| noventa e dois | kilencvenkettő | [kilɛntsvɛn kɛttø:] |
| noventa e três | kilencvenhárom | [kilɛntsvɛn haːrom] |

## 5. Números cardinais. Parte 2

| cem | száz | [saːz] |
| duzentos | kétszáz | [keːtsaːz] |
| trezentos | háromszáz | [haːromsaːz] |
| quatrocentos | négyszáz | [neːɟsaːz] |
| quinhentos | ötszáz | [øtsaːz] |

| seiscentos | hatszáz | [hɒtsaːz] |
| setecentos | hétszáz | [heːtsaːz] |
| oitocentos | nyolcszáz | [ɲoltssaːz] |
| novecentos | kilencszáz | [kilɛntssaːz] |

| mil | ezer | [ɛzɛr] |
| dois mil | kétezer | [keːtɛzɛr] |
| De quem são ...? | háromezer | [haːromɛzɛr] |
| dez mil | tízezer | [tiːzɛzɛr] |
| cem mil | százezer | [saːzɛzɛr] |

| um milhão | millió | [millioː] |
| mil milhões | milliárd | [milliaːrd] |

## 6. Números ordinais

| | | |
|---|---|---|
| primeiro | első | [ɛlʃø:] |
| segundo | második | [ma:ʃodik] |
| terceiro | harmadik | [hɒrmɒdik] |
| quarto | negyedik | [nɛɟɛdik] |
| quinto | ötödik | [øtødik] |
| | | |
| sexto | hatodik | [hɒtodik] |
| sétimo | hetedik | [hɛtɛdik] |
| oitavo | nyolcadik | [ɲoltsɒdik] |
| nono | kilencedik | [kilɛntsɛdik] |
| décimo | tizedik | [tizɛdik] |

## 7. Números. Frações

| | | |
|---|---|---|
| fração (f) | tört | [tørt] |
| um meio | fél | [fe:l] |
| um terço | egy harmad | [ɛɟ hɒrmɒd] |
| um quarto | egy negyed | [ɛɟ nɛɟɛd] |
| | | |
| um oitavo | egy nyolcad | [ɛɟ nøltsɒd] |
| um décimo | egy tized | [ɛɟ tizɛd] |
| dois terços | két harmad | [ke:t hɒrmɒd] |
| três quartos | három negyed | [ha:rom nɛɟɛd] |

## 8. Números. Operações básicas

| | | |
|---|---|---|
| subtração (f) | kivonás | [kivona:ʃ] |
| subtrair (vi, vt) | kivon | [kivon] |
| divisão (f) | osztás | [osta:ʃ] |
| dividir (vt) | oszt | [ost] |
| | | |
| adição (f) | összeadás | [øssɛɒda:ʃ] |
| somar (vt) | összead | [øssɛɒd] |
| adicionar (vt) | hozzáad | [hozza:ɒd] |
| multiplicação (f) | szorzás | [sorza:ʃ] |
| multiplicar (vt) | megszoroz | [mɛgsoroz] |

## 9. Números. Diversos

| | | |
|---|---|---|
| algarismo, dígito (m) | számjegy | [sa:mjɛɟ] |
| número (m) | szám | [sa:m] |
| numeral (m) | számnév | [sa:mne:v] |
| menos (m) | mínusz | [mi:nus] |
| mais (m) | plusz | [plus] |
| fórmula (f) | formula | [formulɒ] |
| cálculo (m) | kiszámítás | [kisa:mi:ta:ʃ] |
| contar (vt) | számol | [sa:mol] |

| | | |
|---|---|---|
| calcular (vt) | összeszámol | [øssɛsaːmol] |
| comparar (vt) | összehasonlít | [øssɛhɒʃonliːt] |
| | | |
| Quanto? | Mennyi? | [mɛnɲi] |
| Quantos? -as? | Hány? | [haːɲ] |
| | | |
| soma (f) | összeg | [øssɛg] |
| resultado (m) | eredmény | [ɛrɛdmeːɲ] |
| resto (m) | maradék | [mɒrɒdeːk] |
| | | |
| alguns, algumas ... | néhány | [neːhaːɲ] |
| um pouco de ... | kevés ... | [kɛveːʃ] |
| resto (m) | egyéb | [ɛɟeːb] |
| um e meio | másfél | [maːʃfeːl] |
| dúzia (f) | tucat | [tutsɒt] |
| | | |
| ao meio | ketté | [kɛtteː] |
| em partes iguais | egyenlően | [ɛɟɛnløːɛn] |
| metade (f) | fél | [feːl] |
| vez (f) | egyszer | [ɛcsɛr] |

## 10. Os verbos mais importantes. Parte 1

| | | |
|---|---|---|
| abrir (vt) | nyit | [ɲit] |
| acabar, terminar (vt) | befejez | [bɛfɛjɛz] |
| aconselhar (vt) | tanácsol | [tonaːt͡ʃol] |
| adivinhar (vt) | kitalál | [kitɒlaːl] |
| advertir (vt) | figyelmeztet | [fiɟɛlmɛztɛt] |
| | | |
| ajudar (vt) | segít | [ʃɛgiːt] |
| almoçar (vi) | ebédel | [ɛbeːdɛl] |
| alugar (~ um apartamento) | bérel | [beːrɛl] |
| amar (vt) | szeret | [sɛrɛt] |
| ameaçar (vt) | fenyeget | [fɛnɛgɛt] |
| | | |
| anotar (escrever) | feljegyez | [fɛljɛɟɛz] |
| apanhar (vt) | fog | [fog] |
| apressar-se (vr) | siet | [ʃiɛt] |
| arrepender-se (vr) | sajnál | [ʃɒjnaːl] |
| assinar (vt) | aláír | [ɒlaːiːr] |
| | | |
| atirar, disparar (vi) | lő | [løː] |
| brincar (vi) | viccel | [vitsɛl] |
| brincar, jogar (crianças) | játszik | [jaːtsik] |
| buscar (vt) | keres | [kɛrɛʃ] |
| caçar (vi) | vadászik | [vɒdaːsik] |
| | | |
| cair (vi) | esik | [ɛʃik] |
| cavar (vt) | ás | [aːʃ] |
| cessar (vt) | abbahagy | [ɒbbɒhɒɟ] |
| chamar (~ por socorro) | hív | [hiːv] |
| chegar (vi) | érkezik | [eːrkɛzik] |
| chorar (vi) | sír | [ʃiːr] |
| começar (vt) | kezd | [kɛzd] |

| | | |
|---|---|---|
| comparar (vt) | összehasonlít | [øssɛhɒʃonliːt] |
| compreender (vt) | ért | [eːrt] |
| concordar (vi) | beleegyezik | [bɛlɛɛɟɛzik] |
| confiar (vt) | rábíz | [raːbiːz] |
| | | |
| confundir (equivocar-se) | összetéveszt | [øssɛteːvɛst] |
| conhecer (vt) | ismer | [iʃmɛr] |
| contar (fazer contas) | számol | [saːmol] |
| contar com (esperar) | számít …re | [saːmiːt …rɛ] |
| continuar (vt) | folytat | [fojtɒt] |
| | | |
| controlar (vt) | ellenőriz | [ɛllɛnøːriz] |
| convidar (vt) | meghív | [mɛghiːv] |
| correr (vi) | fut | [fut] |
| criar (vt) | teremt | [tɛrɛmt] |
| custar (vt) | kerül | [kɛryl] |

## 11. Os verbos mais importantes. Parte 2

| | | |
|---|---|---|
| dar (vt) | ad | [ɒd] |
| dar uma dica | céloz | [tseːloz] |
| decorar (enfeitar) | díszít | [diːsiːt] |
| defender (vt) | véd | [veːd] |
| deixar cair (vt) | leejt | [lɛɛjt] |
| | | |
| descer (para baixo) | lemegy | [lɛmɛɟ] |
| desculpar-se (vr) | bocsánatot kér | [botʃaːnɒtot keːr] |
| dirigir (~ uma empresa) | irányít | [irɒːniːt] |
| discutir (notícias, etc.) | megbeszél | [mɛgbɛseːl] |
| dizer (vt) | mond | [mond] |
| | | |
| duvidar (vt) | kételkedik | [keːtɛlkɛdik] |
| enganar (vt) | csal | [ʧɒl] |
| entrar (na sala, etc.) | bemegy | [bɛmɛɟ] |
| enviar (uma carta) | felad | [fɛlɒd] |
| | | |
| errar (equivocar-se) | hibázik | [hibaːzik] |
| escolher (vt) | választ | [vɒːlɒst] |
| esconder (vt) | rejt | [rɛjt] |
| escrever (vt) | ír | [iːr] |
| esperar (o autocarro, etc.) | vár | [vɒːr] |
| esperar (ter esperança) | remél | [rɛmeːl] |
| esquecer (vt) | elfelejt | [ɛlfɛlɛjt] |
| estudar (vt) | tanul | [tɒnul] |
| exigir (vt) | követel | [køvɛtɛl] |
| existir (vi) | létezik | [leːtɛzik] |
| | | |
| explicar (vt) | magyaráz | [mɒɟɒraːz] |
| falar (vi) | beszélget | [bɛseːlgɛt] |
| faltar (clases, etc.) | elmulaszt | [ɛlmulɒst] |
| fazer (vt) | csinál | [ʧinaːl] |
| ficar em silêncio | hallgat | [hɒllgɒt] |
| gabar-se, jactar-se (vr) | dicsekedik | [ditʃɛkɛdik] |
| gostar (apreciar) | tetszik | [tɛtsik] |

| gritar (vi) | kiabál | [kiɒbaːl] |
| guardar (cartas, etc.) | megőriz | [mɛgøːriz] |
| informar (vt) | tájékoztat | [taːjeːkoztɒt] |
| insistir (vi) | ragaszkodik | [rɒgɒskodik] |

| insultar (vt) | megsért | [mɛgʃeːrt] |
| interessar-se (vr) | érdeklődik | [eːrdɛklØːdik] |
| ir (a pé) | megy | [mɛɟ] |
| ir nadar | úszni megy | [uːsni mɛɟ] |
| jantar (vi) | vacsorázik | [vɒtʃoraːzik] |

## 12. Os verbos mais importantes. Parte 3

| ler (vt) | olvas | [olvɒʃ] |
| libertar (cidade, etc.) | felszabadít | [fɛlsɒbɒdiːt] |
| matar (vt) | megöl | [mɛgøl] |
| mencionar (vt) | megemlít | [mɛgɛmliːt] |
| mostrar (vt) | mutat | [mutɒt] |

| mudar (modificar) | változtat | [vaːltoztɒt] |
| nadar (vi) | úszik | [uːsik] |
| negar-se a ... | lemond | [lɛmond] |
| objetar (vt) | ellentmond | [ɛllɛntmond] |

| observar (vt) | figyel | [fiɟɛl] |
| ordenar (mil.) | parancsol | [pɒrɒntʃol] |
| ouvir (vt) | hall | [hɒll] |
| pagar (vt) | fizet | [fizɛt] |
| parar (vi) | megáll | [mɛgaːll] |

| participar (vi) | részt vesz | [reːst vɛs] |
| pedir (comida) | rendel | [rɛndɛl] |
| pedir (um favor, etc.) | kér | [keːr] |
| pegar (tomar) | vesz | [vɛs] |
| pensar (vt) | gondol | [gondol] |

| perceber (ver) | észrevesz | [eːsrɛvɛs] |
| perdoar (vt) | bocsát | [botʃaːt] |
| perguntar (vt) | kérdez | [keːrdɛz] |
| permitir (vt) | enged | [ɛŋgɛd] |
| pertencer a ... | tartozik | [tɒrtozik] |

| planear (vt) | tervez | [tɛrvɛz] |
| poder (vi) | tud | [tud] |
| possuir (vt) | rendelkezik | [rɛndɛlkɛzik] |

| preferir (vt) | többre becsül | [tøbbrɛ bɛtʃyl] |
| preparar (vt) | készít | [keːsiːt] |

| prever (vt) | előre lát | [ɛlØːrɛ laːt] |
| prometer (vt) | ígér | [iːgeːr] |
| pronunciar (vt) | kiejt | [kiɛjt] |
| propor (vt) | javasol | [jɒvɒʃol] |
| punir (castigar) | büntet | [byntɛt] |

## 13. Os verbos mais importantes. Parte 4

| | | |
|---|---|---|
| quebrar (vt) | tör | [tør] |
| queixar-se (vr) | panaszkodik | [pɒnɒskodik] |
| querer (desejar) | akar | [ɒkɒr] |
| recomendar (vt) | ajánl | [ɒjaːnl] |
| repetir (dizer outra vez) | ismétel | [iʃmeːtɛl] |

| | | |
|---|---|---|
| repreender (vt) | szid | [sid] |
| reservar (~ um quarto) | rezervál | [rɛzɛrvaːl] |
| responder (vt) | válaszol | [vaːlɒsol] |
| rezar, orar (vi) | imádkozik | [imaːdkozik] |
| rir (vi) | nevet | [nɛvɛt] |

| | | |
|---|---|---|
| roubar (vt) | lop | [lop] |
| saber (vt) | tud | [tud] |
| sair (~ de casa) | kimegy | [kimɛɟ] |
| salvar (vt) | megment | [mɛgmɛnt] |
| seguir ... | követ | [køvɛt] |

| | | |
|---|---|---|
| sentar-se (vr) | leül | [lɛyl] |
| ser necessário | szükség van | [sykʃeːg vɒn] |
| ser, estar | van | [vɒn] |
| significar (vt) | jelent | [jɛlɛnt] |

| | | |
|---|---|---|
| sorrir (vi) | mosolyog | [moʃojog] |
| subestimar (vt) | aláértékel | [ɒlaːeːrteːkɛl] |
| surpreender-se (vr) | csodálkozik | [ʧodaːlkozik] |
| tentar (vt) | próbál | [proːbaːl] |

| | | |
|---|---|---|
| ter (vt) | van | [vɒn] |
| ter fome | éhes van | [eːhɛʃ vɒn] |
| ter medo | fél | [feːl] |
| ter sede | szomjas van | [somjɒʃ vɒn] |

| | | |
|---|---|---|
| tocar (com as mãos) | érint | [eːrint] |
| tomar o pequeno-almoço | reggelizik | [rɛggɛlizik] |
| trabalhar (vi) | dolgozik | [dolgozik] |
| traduzir (vt) | fordít | [fordiːt] |
| unir (vt) | egyesít | [ɛɟɛʃiːt] |

| | | |
|---|---|---|
| vender (vt) | elad | [ɛlɒd] |
| ver (vt) | lát | [laːt] |
| virar (ex. ~ à direita) | fordul | [fordul] |
| voar (vi) | repül | [rɛpyl] |

## 14. Cores

| | | |
|---|---|---|
| cor (f) | szín | [siːn] |
| matiz (m) | árnyalat | [aːrɲɒlɒt] |
| tom (m) | tónus | [toːnuʃ] |
| arco-íris (m) | szivárvány | [sivaːrvaːɲ] |
| branco | fehér | [fɛheːr] |

| preto | fekete | [fɛkɛtɛ] |
| cinzento | szürke | [syrkɛ] |

| verde | zöld | [zøld] |
| amarelo | sárga | [ʃa:rgɒ] |
| vermelho | piros | [piroʃ] |

| azul | kék | [ke:k] |
| azul claro | világoskék | [vila:goʃke:k] |
| rosa | rózsaszínű | [ro:ʒɒsi:ny:] |
| laranja | narancssárga | [nɒrɒntʃʃa:rgɒ] |
| violeta | lila | [lilɒ] |
| castanho | barna | [bɒrnɒ] |

| dourado | arany | [ɒrɒɲ] |
| prateado | ezüstös | [ɛzyʃtøʃ] |

| bege | bézs | [be:ʒ] |
| creme | krémszínű | [kre:msi:ny:] |
| turquesa | türkizkék | [tyrkiske:k] |
| vermelho cereja | meggyszínű | [mɛdɟ si:ny:] |
| lilás | lila | [lilɒ] |
| carmesim | málnaszínű | [ma:lnɒ si:ny:] |

| claro | világos | [vila:goʃ] |
| escuro | sötét | [ʃøte:t] |
| vivo | élénk | [e:le:ŋk] |

| de cor | színes | [si:nɛʃ] |
| a cores | színes | [si:nɛʃ] |
| preto e branco | feketefehér | [fɛkɛtɛfɛhe:r] |
| unicolor | egyszínű | [ɛcsi:ny:] |
| multicor | sokszínű | [ʃoksi:ny:] |

## 15. Questões

| Quem? | Ki? | [ki] |
| Que? | Mi? | [mi] |
| Onde? | Hol? | [hol] |
| Para onde? | Hová? | [hova:] |
| De onde? | Honnan? | [honnɒn] |
| Quando? | Mikor? | [mikor] |
| Para quê? | Minek? | [minɛk] |
| Porquê? | Miért? | [mie:rt] |

| Para quê? | Miért? | [mie:rt] |
| Como? | Hogy? Hogyan? | [hoɟ], [hoɟɒn] |
| Qual? | Milyen? | [mijɛn] |
| Qual? (entre dois ou mais) | Melyik? | [mɛjik] |

| A quem? | Kinek? | [kinɛk] |
| Sobre quem? | Kiről? | [kirø:l] |
| Do quê? | Miről? | [mirø:l] |
| Com quem? | Kivel? | [kivɛl] |

| Quantos? -as? | Hány? | [ha:ɲ] |
| Quanto? | Mennyi? | [mɛnɲi] |
| De quem? (masc.) | Kié? | [kie:] |

## 16. Preposições

| com (prep.) | val, -vel | [-vɒl, -vɛl] |
| sem (prep.) | nélkül | [ne:lkyl] |
| a, para (exprime lugar) | ba, -be | [bɒ, -bɛ] |
| sobre (ex. falar ~) | ról, -ről | [ro:l, -rø:l] |
| antes de ... | előtt | [ɛlø:tt] |
| diante de ... | előtt | [ɛlø:tt] |
| | | |
| sob (debaixo de) | alatt | [ɒlɒtt] |
| sobre (em cima de) | fölött | [føløtt] |
| sobre (~ a mesa) | n | [n] |
| de (vir ~ Lisboa) | ból, -ből | [bo:l, -bø:l] |
| de (feito ~ pedra) | ból, -ből | [bo:l, -bø:l] |
| | | |
| dentro de (~ dez minutos) | múlva | [mu:lvɒ] |
| por cima de ... | keresztül | [kɛrɛstyl] |

## 17. Palavras funcionais. Advérbios. Parte 1

| Onde? | Hol? | [hol] |
| aqui | itt | [itt] |
| lá, ali | ott | [ott] |
| | | |
| em algum lugar | valahol | [vɒlɒhol] |
| em lugar nenhum | sehol | [ʃɛhol] |
| | | |
| ao pé de ... | mellett, nál, -nél | [mɛllɛtt], [na:l, -ne:l] |
| ao pé da janela | az ablaknál | [ɒz ɒblɒkna:l] |
| | | |
| Para onde? | Hová? | [hova:] |
| para cá | ide | [idɛ] |
| para lá | oda | [odɒ] |
| daqui | innen | [innɛn] |
| de lá, dali | onnan | [onnɒn] |
| | | |
| perto | közel | [køzɛl] |
| longe | messze | [mɛssɛ] |
| | | |
| perto de ... | mellett | [mɛllɛtt] |
| ao lado de | a közelben | [ɒ køzɛlbɛn] |
| perto, não fica longe | nem messze | [nɛm mɛssɛ] |
| | | |
| esquerdo | bal | [bɒl] |
| à esquerda | balra | [bɒlrɒ] |
| para esquerda | balra | [bɒlrɒ] |
| direito | jobb | [jobb] |
| à direita | jobbra | [jobbrɒ] |

| para direita | jobbra | [jobbrɒ] |
| à frente | elöl | [ɛløl] |
| da frente | elülső | [ɛlylʃøː] |
| em frente (para a frente) | előre | [ɛløːrɛ] |

| atrás de ... | hátul | [haːtul] |
| por detrás (vir ~) | hátulról | [haːtulroːl] |
| para trás | hátra | [haːtrɒ] |

| meio (m), metade (f) | közép | [køzeːp] |
| no meio | középen | [køzeːpɛn] |

| de lado | oldalról | [oldɒlroːl] |
| em todo lugar | mindenütt | [mindɛnytt] |
| ao redor (olhar ~) | körül | [køryl] |

| de dentro | belülről | [bɛlylrøːl] |
| para algum lugar | valahova | [vɒlɒhovɒ] |
| diretamente | egyenesen | [ɛɟɛnɛʃɛn] |
| de volta | visszafelé | [vissɒfɛleː] |

| de algum lugar | valahonnan | [vɒlɒhonnɒn] |
| de um lugar | valahonnan | [vɒlɒhonnɒn] |

| em primeiro lugar | először | [ɛløːsør] |
| em segundo lugar | másodszor | [maːʃodsor] |
| em terceiro lugar | harmadszor | [hɒrmɒdsor] |

| de repente | hirtelen | [hirtɛlɛn] |
| no início | eleinte | [ɛlɛintɛ] |
| pela primeira vez | először | [ɛløːsør] |
| muito antes de ... | jóval ... előtt | [joːvɒl ... ɛløːtt] |
| de novo, novamente | újra | [uːjrɒ] |
| para sempre | mindörökre | [mindørøkrɛ] |

| nunca | soha | [ʃohɒ] |
| de novo | ismét | [iʃmeːt] |
| agora | most | [moʃt] |
| frequentemente | gyakran | [ɟɒkrɒn] |
| então | akkor | [ɒkkor] |
| urgentemente | sürgősen | [ʃyrgøːʃɛn] |
| usualmente | általában | [aːltɒlaːbɒn] |

| a propósito, ... | apropó | [ɒpropoː] |
| é possível | lehetséges | [lɛhɛtʃeːgɛʃ] |
| provavelmente | valószínűleg | [vɒloːsiːnyːlɛg] |
| talvez | talán | [tɒlaːn] |
| além disso, ... | azon kívül ... | [ɒzon kiːvyl] |
| por isso ... | ezért | [ɛzeːrt] |
| apesar de ... | nek ellenére | [nɛk ɛllɛneːrɛ] |
| graças a ... | ... köszenhetően | [køsɛnhɛtøːɛn] |

| que (pron.) | mi | [mi] |
| que (conj.) | ami | [ɒmi] |
| algo | valami | [vɒlɒmi] |
| alguma coisa | valami | [vɒlɒmi] |

| | | |
|---|---|---|
| nada | semmi | [ʃɛmmi] |
| quem | ki | [ki] |
| alguém (~ teve uma ideia ...) | valaki | [vɒlɒki] |
| alguém | valaki | [vɒlɒki] |
| ninguém | senki | [ʃɛŋki] |
| para lugar nenhum | sehol | [ʃɛhol] |
| de ninguém | senkié | [ʃɛŋkie:] |
| de alguém | valakié | [vɒlɒkie:] |
| tão | így | [i:ɟ] |
| também (gostaria ~ de ...) | is | [iʃ] |
| também (~ eu) | is | [iʃ] |

## 18. Palavras funcionais. Advérbios. Parte 2

| | | |
|---|---|---|
| Porquê? | Miért? | [mie:rt] |
| por alguma razão | valamiért | [vɒlɒmie:rt] |
| porque ... | azért, mert ... | [ɒze:rt], [mɛrt] |
| por qualquer razão | valamiért | [vɒlɒmie:rt] |
| e (tu ~ eu) | és | [e:ʃ] |
| ou (ser ~ não ser) | vagy | [vɒɟ] |
| mas (porém) | de | [dɛ] |
| para (~ a minha mãe) | ... céljából | [tse:ja:bo:l] |
| demasiado, muito | túl | [tu:l] |
| só, somente | csak | [tʃɒk] |
| exatamente | pontosan | [pontoʃɒn] |
| cerca de (~ 10 kg) | körülbelül | [kørylbɛlyl] |
| aproximadamente | körülbelül | [kørylbɛlyl] |
| aproximado | megközelítő | [mɛgkøzɛli:tø:] |
| quase | majdnem | [mɒjdnɛm] |
| resto (m) | a többi | [ɒ tøbbi] |
| cada | minden | [mindɛn] |
| qualquer | bármilyen | [ba:rmijɛn] |
| muito | sok | [ʃok] |
| muitas pessoas | sokan | [ʃokɒn] |
| todos | mindenki | [mindɛŋki] |
| em troca de ... | ért cserébe | [e:rt tʃɛre:bɛ] |
| em troca | viszonzásul | [visonza:ʃul] |
| à mão | kézzel | [ke:zzɛl] |
| pouco provável | aligha | [ɒlighɒ] |
| provavelmente | valószínűleg | [vɒlo:si:ny:lɛg] |
| de propósito | szándékosan | [sa:nde:koʃɒn] |
| por acidente | véletlenül | [ve:lɛtlɛnyl] |
| muito | nagyon | [nɒɟøn] |
| por exemplo | például | [pe:lda:ul] |
| entre | között | [køzøtt] |

| entre (no meio de) | körében | [køreːbɛn] |
| tanto | annyi | [ɒɲɲi] |
| especialmente | különösen | [kylønøʃɛn] |

# Conceitos básicos. Parte 2

## 19. Dias da semana

| | | |
|---|---|---|
| segunda-feira (f) | hétfő | [he:tfø:] |
| terça-feira (f) | kedd | [kɛdd] |
| quarta-feira (f) | szerda | [sɛrdɒ] |
| quinta-feira (f) | csütörtök | [ʧytørtøk] |
| sexta-feira (f) | péntek | [pe:ntɛk] |
| sábado (m) | szombat | [sombɒt] |
| domingo (m) | vasárnap | [vɒʃa:rnɒp] |
| | | |
| hoje | ma | [mɒ] |
| amanhã | holnap | [holnɒp] |
| depois de amanhã | holnapután | [holnɒputa:n] |
| ontem | tegnap | [tɛgnɒp] |
| anteontem | tegnapelőtt | [tɛgnɒpɛlø:tt] |
| | | |
| dia (m) | nap | [nɒp] |
| dia (m) de trabalho | munkanap | [muŋkɒnɒp] |
| feriado (m) | ünnepnap | [ynnɛpnɒp] |
| dia (m) de folga | szabadnap | [sɒbɒdnɒp] |
| fim (m) de semana | hétvég | [he:tve:g] |
| | | |
| o dia todo | egész nap | [ɛge:s nɒp] |
| no dia seguinte | másnap | [ma:ʃnɒp] |
| há dois dias | két nappal ezelőtt | [ke:t nɒppɒl ɛzɛlø:tt] |
| na véspera | az előző nap | [ɒz ɛlø:zø: nɒp] |
| diário | napi | [nɒpi] |
| todos os dias | naponta | [nɒpontɒ] |
| | | |
| semana (f) | hét | [he:t] |
| na semana passada | a múlt héten | [ɒ mu:lt he:tɛn] |
| na próxima semana | a következő héten | [ɒ køvɛtkɛzø: he:tɛn] |
| semanal | heti | [hɛti] |
| cada semana | hetente | [hɛtɛntɛ] |
| duas vezes por semana | kétszer hetente | [ke:tsɛr hɛtɛntɛ] |
| cada terça-feira | minden kedd | [mindɛn kɛdd] |

## 20. Horas. Dia e noite

| | | |
|---|---|---|
| manhã (f) | reggel | [rɛggɛl] |
| de manhã | reggel | [rɛggɛl] |
| meio-dia (m) | délidő | [de:lidø:] |
| à tarde | délután | [de:luta:n] |
| | | |
| noite (f) | este | [ɛʃtɛ] |
| à noite (noitinha) | este | [ɛʃtɛ] |

| | | |
|---|---|---|
| noite (f) | éjszak | [eːjsɒk] |
| à noite | éjjel | [eːjjɛl] |
| meia-noite (f) | éjfél | [eːjfeːl] |
| | | |
| segundo (m) | másodperc | [maːʃodpɛrts] |
| minuto (m) | perc | [pɛrts] |
| hora (f) | óra | [oːrɒ] |
| meia hora (f) | félóra | [feːloːrɒ] |
| quarto (m) de hora | negyedóra | [nɛɟedoːrɒ] |
| quinze minutos | tizenöt perc | [tizɛnøt pɛrts] |
| vinte e quatro horas | teljes nap | [tɛjeʃ nɒp] |
| | | |
| nascer (m) do sol | napkelte | [nɒpkɛltɛ] |
| amanhecer (m) | virradat | [virrɒdɒt] |
| madrugada (f) | kora reggel | [korɒ rɛggɛl] |
| pôr do sol (m) | naplemente | [nɒplɛmɛntɛ] |
| | | |
| de madrugada | kora reggel | [korɒ rɛggɛl] |
| hoje de manhã | ma reggel | [mɒ rɛggɛl] |
| amanhã de manhã | holnap reggel | [holnɒp rɛggɛl] |
| | | |
| hoje à tarde | ma nappal | [mɒ nɒppɒl] |
| à tarde | délután | [deːlutaːn] |
| amanhã à tarde | holnap délután | [holnɒp deːlutaːn] |
| | | |
| hoje à noite | ma este | [mɒ ɛʃtɛ] |
| amanhã à noite | holnap este | [holnɒp ɛʃtɛ] |
| | | |
| às três horas em ponto | pont három órakor | [pont haːrom oːrɒkor] |
| por volta das quatro | körülbelül négy órakor | [kørylbɛlyl neːɟ oːrɒkor] |
| às doze | tizenkét órára | [tizɛŋkeːt oːraːrɒ] |
| | | |
| dentro de vinte minutos | húsz perc múlva | [huːs pɛrts muːlvɒ] |
| dentro duma hora | egy óra múlva | [ɛɟ oːrɒ muːlvɒ] |
| a tempo | időben | [idøːbɛn] |
| | | |
| menos um quarto | háromnegyed | [haːromnɛɟed] |
| durante uma hora | egy óra folyamán | [ɛɟ oːrɒ fojɒmaːn] |
| a cada quinze minutos | minden tizenöt perc | [mindɛn tizɛnøt pɛrts] |
| as vinte e quatro horas | éjjel nappal | [eːjjɛl nɒppɒl] |

## 21. Meses. Estações

| | | |
|---|---|---|
| janeiro (m) | január | [jɒnuaːr] |
| fevereiro (m) | február | [fɛbruaːr] |
| março (m) | március | [maːrtsiuʃ] |
| abril (m) | április | [aːpriliʃ] |
| maio (m) | május | [maːjuʃ] |
| junho (m) | június | [juːniuʃ] |
| | | |
| julho (m) | július | [juːliuʃ] |
| agosto (m) | augusztus | [ɒugustuʃ] |
| setembro (m) | szeptember | [sɛptɛmbɛr] |
| outubro (m) | október | [oktoːbɛr] |

| | | |
|---|---|---|
| novembro (m) | november | [novɛmbɛr] |
| dezembro (m) | december | [dɛtsɛmbɛr] |
| | | |
| primavera (f) | tavasz | [tɒvɒs] |
| na primavera | tavasszal | [tɒvɒssɒl] |
| primaveril | tavaszi | [tɒvɒsi] |
| | | |
| verão (m) | nyár | [ɲaːr] |
| no verão | nyáron | [ɲaːron] |
| de verão | nyári | [ɲaːri] |
| | | |
| outono (m) | ősz | [øːs] |
| no outono | ősszel | [øːssɛl] |
| outonal | őszi | [øːsi] |
| | | |
| inverno (m) | tél | [teːl] |
| no inverno | télen | [teːlɛn] |
| de inverno | téli | [teːli] |
| | | |
| mês (m) | hónap | [hoːnɒp] |
| este mês | ebben a hónapban | [ɛbbɛn ɒ hoːnɒpbɒn] |
| no próximo mês | a következő hónapban | [ɒ køvɛtkɛzøː hoːnɒpbɒn] |
| no mês passado | a múlt hónapban | [ɒ muːlt hoːnɒpbɒn] |
| | | |
| há um mês | egy hónappal ezelőtt | [ɛɟ hoːnɒppɒl ɛzɛløːtt] |
| dentro de um mês | egy hónap múlva | [ɛɟ hoːnɒp muːlvɒ] |
| dentro de dois meses | két hónap múlva | [keːt hoːnɒp muːlvɒ] |
| todo o mês | az egész hónap | [ɒz ɛgeːs hoːnɒp] |
| um mês inteiro | az egész hónap | [ɒz ɛgeːs hoːnɒp] |
| | | |
| mensal | havi | [hɒvi] |
| mensalmente | havonta | [hɒvontɒ] |
| cada mês | minden hónap | [mindɛn hoːnɒp] |
| duas vezes por mês | kétszer havonta | [keːtsɛr hɒvontɒ] |
| | | |
| ano (m) | év | [eːv] |
| este ano | ebben az évben | [ɛbbɛn ɒz eːvbɛn] |
| no próximo ano | a következő évben | [ɒ køvɛtkɛzøː eːvbɛn] |
| no ano passado | a múlt évben | [ɒ muːlt eːvbɛn] |
| | | |
| há um ano | egy évvel ezelőtt | [ɛɟ eːvvɛl ɛzɛløːtt] |
| dentro dum ano | egy év múlva | [ɛɟ eːv muːlvɒ] |
| dentro de 2 anos | két év múlva | [keːt eːv muːlvɒ] |
| todo o ano | az egész év | [ɒz ɛgeːs eːv] |
| um ano inteiro | az egész év | [ɒz ɛgeːs eːv] |
| | | |
| cada ano | minden év | [mindɛn eːv] |
| anual | évi | [eːvi] |
| anualmente | évente | [eːvɛntɛ] |
| quatro vezes por ano | négyszer évente | [neːɟsɛr eːvɛntɛ] |
| | | |
| data (~ de hoje) | nap | [nɒp] |
| data (ex. ~ de nascimento) | dátum | [daːtum] |
| calendário (m) | naptár | [nɒptaːr] |
| meio ano | fél év | [feːl eːv] |
| seis meses | félév | [feːleːv] |

| estação (f) | évszak | [eːvsɒk] |
| século (m) | század | [saːzɒd] |

## 22. Unidades de medida

| peso (m) | súly | [ʃuːj] |
| comprimento (m) | hosszúság | [hossuːʃaːg] |
| largura (f) | szélesség | [seːlɛʃeːg] |
| altura (f) | magasság | [mɒgɒʃaːg] |
| profundidade (f) | mélység | [meːjʃeːg] |
| volume (m) | térfogat | [teːrfogɒt] |
| área (f) | terület | [tɛrylɛt] |

| grama (m) | gramm | [grɒmm] |
| miligrama (m) | milligramm | [milligrɒmm] |
| quilograma (m) | kilógramm | [kiloːgrɒmm] |
| tonelada (f) | tonna | [tonnɒ] |
| libra (453,6 gramas) | font | [font] |
| onça (f) | uncia | [untsiɒ] |

| metro (m) | méter | [meːtɛr] |
| milímetro (m) | milliméter | [millimeːtɛr] |
| centímetro (m) | centiméter | [tsɛntimeːtɛr] |
| quilómetro (m) | kilométer | [kilomeːtɛr] |
| milha (f) | mérföld | [meːrføld] |

| polegada (f) | hüvelyk | [hyvɛjk] |
| pé (304,74 mm) | láb | [laːb] |
| jarda (914,383 mm) | yard | [jard] |

| metro (m) quadrado | négyzetméter | [neːɟzɛtmeːtɛr] |
| hectare (m) | hektár | [hɛktaːr] |

| litro (m) | liter | [litɛr] |
| grau (m) | fok | [fok] |
| volt (m) | volt | [volt] |
| ampere (m) | amper | [ɒmpɛr] |
| cavalo-vapor (m) | lóerő | [loːɛrøː] |

| quantidade (f) | mennyiség | [mɛɲɲiʃeːg] |
| um pouco de ... | egy kicsit ... | [ɛɟː kitʃit] |
| metade (f) | fél | [feːl] |

| dúzia (f) | tucat | [tutsɒt] |
| peça (f) | darab | [dɒrɒb] |

| dimensão (f) | méret | [meːrɛt] |
| escala (f) | lépték | [leːpteːk] |

| mínimo | minimális | [minimaːliʃ] |
| menor, mais pequeno | legkisebb | [lɛgkiʃɛbb] |
| médio | közép | [køzeːp] |
| máximo | maximális | [mɒksimaːliʃ] |
| maior, mais grande | legnagyobb | [lɛgnɒɟøbb] |

## 23. Recipientes

| | | |
|---|---|---|
| boião (m) de vidro | befőttes üveg | [bɛføːtɛs yvɛg] |
| lata (~ de cerveja) | bádogdoboz | [baːdogdoboz] |
| balde (m) | vödör | [vødør] |
| barril (m) | hordó | [hordoː] |

| | | |
|---|---|---|
| bacia (~ de plástico) | tál | [taːl] |
| tanque (m) | tartály | [tɒrtaːj] |
| cantil (m) de bolso | kulacs | [kulɒtʃ] |
| bidão (m) de gasolina | kanna | [kɒnnɒ] |
| cisterna (f) | ciszterna | [tsistɛrnɒ] |

| | | |
|---|---|---|
| caneca (f) | bögre | [bøgrɛ] |
| chávena (f) | csésze | [tʃeːsɛ] |
| pires (m) | csészealj | [tʃeːsɛɒj] |
| copo (m) | pohár | [pohaːr] |
| taça (f) de vinho | borospohár | [borɒʃpohaːr] |
| panela, caçarola (f) | lábas | [laːbɒʃ] |

| | | |
|---|---|---|
| garrafa (f) | üveg | [yvɛg] |
| gargalo (m) | nyak | [ɲɒk] |

| | | |
|---|---|---|
| jarro, garrafa (f) | butélia | [buteːliɒ] |
| jarro (m) de barro | korsó | [korʃoː] |
| recipiente (m) | edény | [ɛdeːɲ] |
| pote (m) | köcsög | [køtʃøg] |
| vaso (m) | váza | [vaːzɒ] |

| | | |
|---|---|---|
| frasco (~ de perfume) | kölnisüveg | [kølniʃyvɛg] |
| frasquinho (ex. ~ de iodo) | üvegcse | [yvɛgtʃɛ] |
| tubo (~ de pasta dentífrica) | tubus | [tubuʃ] |

| | | |
|---|---|---|
| saca (ex. ~ de açúcar) | zsák | [ʒaːk] |
| saco (~ de plástico) | zacskó | [zɒtʃkoː] |
| maço (m) | csomag | [tʃomɒg] |

| | | |
|---|---|---|
| caixa (~ de sapatos, etc.) | doboz | [doboz] |
| caixa (~ de madeira) | láda | [laːdɒ] |
| cesta (f) | kosár | [koʃaːr] |

# O SER HUMANO

## O ser humano. O corpo

### 24. Cabeça

| | | |
|---|---|---|
| cabeça (f) | fej | [fɛj] |
| cara (f) | arc | [ɒrts] |
| nariz (m) | orr | [orr] |
| boca (f) | száj | [sa:j] |
| | | |
| olho (m) | szem | [sɛm] |
| olhos (m pl) | szem | [sɛm] |
| pupila (f) | pupilla | [pupillɒ] |
| sobrancelha (f) | szemöldök | [sɛmøldøk] |
| pestana (f) | szempilla | [sɛmpillɒ] |
| pálpebra (f) | szemhéj | [sɛmhe:j] |
| | | |
| língua (f) | nyelv | [ɲɛlv] |
| dente (m) | fog | [fog] |
| lábios (m pl) | ajak | [ɒjɒk] |
| maçãs (f pl) do rosto | pofacsont | [pofɒtʃont] |
| gengiva (f) | íny | [i:ɲ] |
| palato (m) | szájpadlás | [sa:jpɒdla:ʃ] |
| | | |
| narinas (f pl) | orrlyuk | [orrjuk] |
| queixo (m) | áll | [a:ll] |
| mandíbula (f) | állkapocs | [a:llkɒpotʃ] |
| bochecha (f) | orca | [ortsɒ] |
| | | |
| testa (f) | homlok | [homlok] |
| têmpora (f) | halánték | [hɒla:nte:k] |
| orelha (f) | fül | [fyl] |
| nuca (f) | tarkó | [tɒrko:] |
| pescoço (m) | nyak | [ɲɒk] |
| garganta (f) | torok | [torok] |
| | | |
| cabelos (m pl) | haj | [hɒj] |
| penteado (m) | frizura | [frizurɒ] |
| corte (m) de cabelo | hajvágás | [hɒjva:ga:ʃ] |
| peruca (f) | paróka | [pɒro:kɒ] |
| | | |
| bigode (m) | bajusz | [bɒjus] |
| barba (f) | szakáll | [sɒka:ll] |
| usar, ter (~ barba, etc.) | visel | [viʃɛl] |
| trança (f) | copf | [tsopf] |
| suíças (f pl) | pofaszakáll | [pofɒsɒka:ll] |
| ruivo | vörös hajú | [vørøʃ hɒju:] |
| grisalho | ősz hajú | [ø:s hɒju:] |

| calvo | kopasz | [kopɒs] |
|---|---|---|
| calva (f) | kopaszság | [kopɒʃaːg] |
| rabo-de-cavalo (m) | lófarok | [loːfɒrok] |
| franja (f) | sörény | [ʃørɛːɲ] |

## 25. Corpo humano

| mão (f) | kéz, kézfej | [keːz], [keːsfɛj] |
|---|---|---|
| braço (m) | kar | [kɒr] |
| dedo (m) | ujj | [ujj] |
| polegar (m) | hüvelykujj | [hyvɛjkujj] |
| dedo (m) mindinho | kisujj | [kiʃujj] |
| unha (f) | köröm | [kørøm] |
| punho (m) | ököl | [økøl] |
| palma (f) da mão | tenyér | [tɛneːr] |
| pulso (m) | csukló | [tʃukloː] |
| antebraço (m) | alkar | [ɒlkɒr] |
| cotovelo (m) | könyök | [køɲøk] |
| ombro (m) | váll | [vaːll] |
| perna (f) | láb | [laːb] |
| pé (m) | talp | [tɒlp] |
| joelho (m) | térd | [teːrd] |
| barriga (f) da perna | lábikra | [laːbikrɒ] |
| anca (f) | csípő | [tʃiːpøː] |
| calcanhar (m) | sarok | [ʃɒrok] |
| corpo (m) | test | [tɛʃt] |
| barriga (f) | has | [hɒʃ] |
| peito (m) | mell | [mɛll] |
| seio (m) | mell | [mɛll] |
| lado (m) | oldal | [oldɒl] |
| costas (f pl) | hát | [haːt] |
| região (f) lombar | derék | [dɛreːk] |
| cintura (f) | derék | [dɛreːk] |
| umbigo (m) | köldök | [køldøk] |
| nádegas (f pl) | far | [fɒr] |
| traseiro (m) | fenék | [fɛneːk] |
| sinal (m) | anyajegy | [ɒɲɒjɛɟ] |
| tatuagem (f) | tetoválás | [tɛtovaːlaːʃ] |
| cicatriz (f) | forradás | [forrɒdaːʃ] |

# Vestuário & Acessórios

## 26. Roupa exterior. Casacos

| | | |
|---|---|---|
| roupa (f) | ruha | [ruhɒ] |
| roupa (f) exterior | felsőruha | [fɛlʃø:ruhɒ] |
| roupa (f) de inverno | téli ruha | [te:li ruhɒ] |
| | | |
| sobretudo (m) | kabát | [kɒba:t] |
| casaco (m) de peles | bunda | [bundɒ] |
| casaco curto (m) de peles | bekecs | [bɛkɛtʃ] |
| casaco (m) acolchoado | pehelykabát | [pɛhɛj kɒba:t] |
| | | |
| casaco, blusão (m) | zeke | [zɛkɛ] |
| impermeável (m) | ballonkabát | [bɒllɒŋkɒba:t] |
| impermeável | vízhatlan | [vi:zhɒtlɒn] |

## 27. Vestuário de homem & mulher

| | | |
|---|---|---|
| camisa (f) | ing | [iŋg] |
| calças (f pl) | nadrág | [nɒdra:g] |
| calças (f pl) de ganga | farmernadrág | [fɒrmɛrnɒdra:g] |
| casaco (m) de fato | zakó | [zɒko:] |
| fato (m) | kosztüm | [kostym] |
| | | |
| vestido (ex. ~ vermelho) | ruha | [ruhɒ] |
| saia (f) | szoknya | [soknɒ] |
| blusa (f) | blúz | [blu:z] |
| casaco (m) de malha | kardigán | [kɒrdiga:n] |
| casaco, blazer (m) | blézer | [ble:zɛr] |
| | | |
| T-shirt, camiseta (f) | trikó | [triko:] |
| calções (Bermudas, etc.) | rövidnadrág | [røvidnɒdra:g] |
| fato (m) de treino | sportruha | [ʃpɒrtruhɒ] |
| roupão (m) de banho | köntös | [køntøʃ] |
| pijama (m) | pizsama | [piʒɒmɒ] |
| | | |
| suéter (m) | pulóver | [pulo:vɛr] |
| pulôver (m) | pulóver | [pulo:vɛr] |
| | | |
| colete (m) | mellény | [mɛlle:ɲ] |
| fraque (m) | frakk | [frɒkk] |
| smoking (m) | szmoking | [smokiŋg] |
| | | |
| uniforme (m) | egyenruha | [ɛɟɛnruhɒ] |
| roupa (f) de trabalho | munkaruha | [muŋkɒruhɒ] |
| fato-macaco (m) | kezeslábas | [kɛzɛʃla:bɒʃ] |
| bata (~ branca, etc.) | köpeny | [køpɛɲ] |

## 28. Vestuário. Roupa interior

| | | |
|---|---|---|
| roupa (f) interior | fehérnemű | [fɛhe:rnɛmy:] |
| camisola (f) interior | alsóing | [ɒlʃo:iŋg] |
| peúgas (f pl) | zokni | [zokni] |
| | | |
| camisa (f) de noite | hálóing | [ha:lo:iŋg] |
| sutiã (m) | melltartó | [mɛlltɒrto:] |
| meias longas (f pl) | térdzokni | [te:rdzokni] |
| meia-calça (f) | harisnya | [hɒriʃnɒ] |
| meias (f pl) | harisnya | [hɒriʃnɒ] |
| fato (m) de banho | fürdőruha | [fyrdø:ruhɒ] |

## 29. Adereços de cabeça

| | | |
|---|---|---|
| chapéu (m) | sapka | [ʃɒpkɒ] |
| chapéu (m) de feltro | kalap | [kɒlɒp] |
| boné (m) de beisebol | baseball sapka | [bɛjsbɒll ʃɒpkɒ] |
| boné (m) | sport sapka | [ʃport ʃɒpkɒ] |
| | | |
| boina (f) | svájci sapka | [ʃva:jtsi ʃɒpkɒ] |
| capuz (m) | csuklya | [tʃukjɒ] |
| panamá (m) | panamakalap | [pɒnɒmɒ kɒlɒp] |
| gorro (m) de malha | kötött sapka | [køtøtt ʃɒpkɒ] |
| | | |
| lenço (m) | kendő | [kɛndø:] |
| chapéu (m) de mulher | női kalap | [nø:i kɒlɒp] |
| | | |
| capacete (m) de proteção | sisak | [ʃiʃɒk] |
| bibico (m) | pilótasapka | [pilo:tɒ ʃɒpkɒ] |
| capacete (m) | sisak | [ʃiʃɒk] |
| chapéu-coco (m) | keménykalap | [kɛme:ɲkɒlɒp] |

## 30. Calçado

| | | |
|---|---|---|
| calçado (m) | cipő | [tsipø:] |
| botinas (f pl) | bakancs | [bɒkɒntʃ] |
| sapatos (de salto alto, etc.) | félcipő | [fe:ltsipø:] |
| botas (f pl) | csizma | [tʃizmɒ] |
| pantufas (f pl) | papucs | [pɒputʃ] |
| | | |
| ténis (m pl) | edzőcipő | [ɛdzø:tsipø:] |
| sapatilhas (f pl) | tornacipő | [tornɒtsipø:] |
| sandálias (f pl) | szandál | [sɒnda:l] |
| | | |
| sapateiro (m) | cipész | [tsipe:s] |
| salto (m) | sarok | [ʃɒrok] |
| par (m) | pár | [pa:r] |
| | | |
| atacador (m) | cipőfűző | [tsipø:fy:zø:] |
| apertar os atacadores | befűz | [bɛfy:z] |

| | | |
|---|---|---|
| calçadeira (f) | cipőkanál | [tsipøːkɒnaːl] |
| graxa (f) para calçado | cipőkrém | [tsipøːkreːm] |

## 31. Acessórios pessoais

| | | |
|---|---|---|
| luvas (f pl) | kesztyű | [kɛscyː] |
| mitenes (f pl) | egyujjas kesztyű | [ɛjujjɒʃ kɛscyː] |
| cachecol (m) | sál | [ʃaːl] |
| óculos (m pl) | szemüveg | [sɛmyvɛg] |
| armação (f) de óculos | keret | [kɛrɛt] |
| guarda-chuva (m) | esernyő | [ɛʃɛrɲøː] |
| bengala (f) | sétabot | [ʃeːtɒbot] |
| escova (f) para o cabelo | hajkefe | [hɒjkɛfɛ] |
| leque (m) | legyező | [lɛɟɛzøː] |
| gravata (f) | nyakkendő | [ɲɒkkɛndøː] |
| gravata-borboleta (f) | csokornyakkendő | [tʃokorɲɒkkɛndøː] |
| suspensórios (m pl) | nadrágtartó | [nɒdraːgtɒrtoː] |
| lenço (m) | zsebkendő | [ʒɛbkɛndøː] |
| pente (m) | fésű | [feːʃyː] |
| travessão (m) | hajcsat | [hɒjtʃɒt] |
| gancho (m) de cabelo | hajtű | [hɒjtyː] |
| fivela (f) | csat | [tʃɒt] |
| cinto (m) | öv | [øv] |
| correia (f) | táskaszíj | [taːʃkɒsiːj] |
| mala (f) | táska | [taːʃkɒ] |
| mala (f) de senhora | kézitáska | [keːzitaːʃkɒ] |
| mochila (f) | hátizsák | [haːtiʒaːk] |

## 32. Vestuário. Diversos

| | | |
|---|---|---|
| moda (f) | divat | [divɒt] |
| na moda | divatos | [divɒtoʃ] |
| estilista (m) | divattervező | [divɒt tɛrvɛzøː] |
| colarinho (m), gola (f) | gallér | [gɒlleːr] |
| bolso (m) | zseb | [ʒɛb] |
| de bolso | zseb | [ʒɛb] |
| manga (f) | ruhaujj | [ruhɒujj] |
| alcinha (f) | akasztó | [ɒkɒstoː] |
| braguilha (f) | slicc | [ʃlits] |
| fecho (m) de correr | cipzár | [tsipzaːr] |
| fecho (m), colchete (m) | kapocs | [kɒpotʃ] |
| botão (m) | gomb | [gomb] |
| casa (f) de botão | gomblyuk | [gombjuk] |
| soltar-se (vr) | elszakad | [ɛlsɒkɒd] |
| coser, costurar (vi) | varr | [vɒrr] |

| | | |
|---|---|---|
| bordar (vt) | hímez | [hi:mɛz] |
| bordado (m) | hímzés | [hi:mze:ʃ] |
| agulha (f) | tű | [ty:] |
| fio (m) | cérna | [tsɛ:rnɒ] |
| costura (f) | varrás | [vɒrra:ʃ] |
| | | |
| sujar-se (vr) | bepiszkolódik | [bɛpiskolo:dik] |
| mancha (f) | folt | [folt] |
| engelhar-se (vr) | gyűrődik | [ɟy:rø:dik] |
| rasgar (vt) | megszakad | [mɛgsɒkɒd] |
| traça (f) | molylepke | [mojlɛpkɛ] |

## 33. Cuidados pessoais. Cosméticos

| | | |
|---|---|---|
| pasta (f) de dentes | fogkrém | [fogkre:m] |
| escova (f) de dentes | fogkefe | [fokkɛfɛ] |
| escovar os dentes | fogat mos | [fogɒt moʃ] |
| | | |
| máquina (f) de barbear | borotva | [borotvɒ] |
| creme (m) de barbear | borotvakrém | [borotvɒkre:m] |
| barbear-se (vr) | borotválkozik | [borotva:lkozik] |
| | | |
| sabonete (m) | szappan | [sɒppɒn] |
| champô (m) | sampon | [ʃɒmpon] |
| | | |
| tesoura (f) | olló | [ollo:] |
| lima (f) de unhas | körömreszelő | [kørømrɛsɛlø:] |
| corta-unhas (m) | körömvágó | [kørømva:go:] |
| pinça (f) | csipesz | [ʧipɛs] |
| | | |
| cosméticos (m pl) | kozmetika | [kozmɛtikɒ] |
| máscara (f) facial | maszk | [mɒsk] |
| manicura (f) | manikűr | [mɒniky:r] |
| fazer a manicura | manikűrözik | [mɒniky:røzik] |
| pedicure (f) | pedikűr | [pɛdiky:r] |
| | | |
| mala (f) de maquilhagem | piperetáska | [pipɛrɛta:ʃkɒ] |
| pó (m) | púder | [pu:dɛr] |
| caixa (f) de pó | púderdoboz | [pu:dɛrdoboz] |
| blush (m) | arcpirosító | [ɒrtspiroʃi:to:] |
| | | |
| perfume (m) | illatszer | [illɒtsɛr] |
| água (f) de toilette | parfüm | [pɒrfym] |
| loção (f) | arcápoló | [ɒrtsa:polo:] |
| água-de-colónia (f) | kölnivíz | [kølnivi:z] |
| | | |
| sombra (f) de olhos | szemhéjfesték | [sɛmhe:jfɛʃte:k] |
| lápis (m) delineador | szemceruza | [sɛmtsɛruzɒ] |
| máscara (f), rímel (m) | szempillafesték | [sɛmpillɒfɛʃte:k] |
| | | |
| batom (m) | rúzs | [ru:ʒ] |
| verniz (m) de unhas | körömlakk | [kørømlɒkk] |
| laca (f) para cabelos | hajrögzítő | [hɒjrøgzi:tø:] |
| desodorizante (m) | dezodor | [dɛzodor] |

| creme (m) | krém | [kreːm] |
| creme (m) de rosto | arckrém | [ɒrtskreːm] |
| creme (m) de mãos | kézkrém | [keːskreːm] |
| creme (m) antirrugas | ránc elleni krém | [raːnts ɛllɛni kreːm] |
| de dia | nappali | [nɒppɒli] |
| da noite | éjjeli | [eːjjɛli] |
| | | |
| tampão (m) | tampon | [tɒmpon] |
| papel (m) higiénico | vécépapír | [veːtseːpɒpiːr] |
| secador (m) elétrico | hajszárító | [hɒjsaːriːtoː] |

## 34. Relógios de pulso. Relógios

| relógio (m) de pulso | karóra | [kɒroːrɒ] |
| mostrador (m) | számlap | [saːmlɒp] |
| ponteiro (m) | mutató | [mutɒtoː] |
| bracelete (f) em aço | karkötő | [kɒrkøtøː] |
| bracelete (f) em couro | óraszíj | [oːrɒsiːj] |
| | | |
| pilha (f) | elem | [ɛlɛm] |
| descarregar-se | lemerül | [lɛmɛryl] |
| trocar a pilha | kicseréli az elemet | [kitʃɛreːli ɒz ɛlɛmɛt] |
| estar adiantado | siet | [ʃiɛt] |
| estar atrasado | késik | [keːʃik] |
| | | |
| relógio (m) de parede | fali óra | [fɒli oːrɒ] |
| ampulheta (f) | homokóra | [homokoːrɒ] |
| relógio (m) de sol | napóra | [nɒpoːrɒ] |
| despertador (m) | ébresztőóra | [eːbrɛstøːoːrɒ] |
| relojoeiro (m) | órás | [oːraːʃ] |
| reparar (vt) | javít | [jɒviːt] |

# Alimentação. Nutrição

## 35. Comida

| | | |
|---|---|---|
| carne (f) | hús | [hu:ʃ] |
| galinha (f) | csirke | [tʃirkɛ] |
| frango (m) | csirke | [tʃirkɛ] |
| pato (m) | kacsa | [kɒtʃɒ] |
| ganso (m) | liba | [libɒ] |
| caça (f) | vadhús | [vɒdhu:ʃ] |
| peru (m) | pulyka | [pujkɒ] |
| | | |
| carne (f) de porco | sertés | [ʃɛrte:ʃ] |
| carne (f) de vitela | borjúhús | [bɒrju:hu:ʃ] |
| carne (f) de carneiro | birkahús | [birkɒhu:ʃ] |
| carne (f) de vaca | marhahús | [mɒrhɒhu:ʃ] |
| carne (f) de coelho | nyúl | [ɲu:l] |
| | | |
| chouriço, salsichão (m) | kolbász | [kɒlba:s] |
| salsicha (f) | virsli | [virʃli] |
| bacon (m) | húsos szalonna | [hu:ʃoʃ sɒlɒnnɒ] |
| fiambre (f) | sonka | [ʃɒŋkɒ] |
| presunto (m) | sonka | [ʃɒŋkɒ] |
| | | |
| patê (m) | pástétom | [pa:ʃte:tom] |
| fígado (m) | máj | [ma:j] |
| carne (f) moída | darált hús | [dɒra:lt hu:ʃ] |
| língua (f) | nyelv | [ɲɛlv] |
| | | |
| ovo (m) | tojás | [tɒja:ʃ] |
| ovos (m pl) | tojások | [tɒja:ʃok] |
| clara (f) do ovo | tojásfehérje | [tɒja:ʃfɛhe:rjɛ] |
| gema (f) do ovo | tojássárgája | [tɒja:ʃa:rga:jɒ] |
| | | |
| peixe (m) | hal | [hɒl] |
| mariscos (m pl) | tenger gyümölcsei | [tɛŋgɛr ɟymøltʃɛi] |
| caviar (m) | halikra | [hɒlikrɒ] |
| | | |
| caranguejo (m) | tarisznyarák | [tɒrisɲɒra:k] |
| camarão (m) | garnélarák | [gɒrne:lɒra:k] |
| ostra (f) | osztriga | [ostrigɒ] |
| lagosta (f) | languszta | [lɒŋgustɒ] |
| polvo (m) | nyolckarú polip | [ɲoltskɒru: polip] |
| lula (f) | kalmár | [kɒlma:r] |
| | | |
| esturjão (m) | tokhal | [tokhɒl] |
| salmão (m) | lazac | [lɒzɒts] |
| halibute (m) | óriás laposhal | [o:ria:ʃ lɒpoʃhɒl] |
| bacalhau (m) | tőkehal | [tø:kɛhɒl] |
| cavala, sarda (f) | makréla | [mɒkre:lɒ] |

| | | |
|---|---|---|
| atum (m) | tonhal | [tonhɒl] |
| enguia (f) | angolna | [ɒŋgolnɒ] |
| | | |
| truta (f) | pisztráng | [pistraːŋg] |
| sardinha (f) | szardínia | [sɒrdiːniɒ] |
| lúcio (m) | csuka | [tʃukɒ] |
| arenque (m) | hering | [hɛriŋg] |
| | | |
| pão (m) | kenyér | [kɛneːr] |
| queijo (m) | sajt | [ʃɒjt] |
| açúcar (m) | cukor | [tsukor] |
| sal (m) | só | [ʃoː] |
| | | |
| arroz (m) | rizs | [riʒ] |
| massas (f pl) | makaróni | [mɒkɒroːni] |
| talharim (m) | metélttészta | [mɛteːltteːstɒ] |
| | | |
| manteiga (f) | vaj | [vɒj] |
| óleo (m) vegetal | olaj | [olɒj] |
| óleo (m) de girassol | napraforgóolaj | [nɒprɒforgoːolɒj] |
| margarina (f) | margarin | [mɒrgɒrin] |
| | | |
| azeitonas (f pl) | olajbogyó | [olɒjboɟøː] |
| azeite (m) | olívaolaj | [oliːvɒ olɒj] |
| | | |
| leite (m) | tej | [tɛj] |
| leite (m) condensado | sűrített tej | [ʃyːriːtɛtt tɛj] |
| iogurte (m) | joghurt | [jogurt] |
| nata (f) azeda | tejföl | [tɛjføl] |
| nata (f) do leite | tejszín | [tɛjsiːn] |
| | | |
| maionese (f) | majonéz | [mɒjoneːz] |
| creme (m) | krém | [kreːm] |
| | | |
| grãos (m pl) de cereais | dara | [dɒrɒ] |
| farinha (f) | liszt | [list] |
| enlatados (m pl) | konzerv | [konzɛrv] |
| | | |
| flocos (m pl) de milho | kukoricapehely | [kukoritsɒpɛhɛj] |
| mel (m) | méz | [meːz] |
| doce (m) | dzsem | [dʒɛm] |
| pastilha (f) elástica | rágógumi | [raːgoːgumi] |

## 36. Bebidas

| | | |
|---|---|---|
| água (f) | víz | [viːz] |
| água (f) potável | ivóvíz | [ivoːviːz] |
| água (f) mineral | ásványvíz | [aːʃvaːɲviːz] |
| | | |
| sem gás | szóda nélkül | [soːdɒ nɛlkyl] |
| gaseificada | szóda | [soːdɒ] |
| com gás | szóda | [soːdɒ] |
| gelo (m) | jég | [jeːg] |
| com gelo | jeges | [jɛgɛʃ] |

| sem álcool | alkoholmentes | [ɒlkoholmɛntɛʃ] |
| bebida (f) sem álcool | alkoholmentes ital | [ɒlkoholmɛntɛʃ itɒl] |
| refresco (m) | üdítő | [y:di:tø:] |
| limonada (f) | limonádé | [limona:de:] |

| bebidas (f pl) alcoólicas | szeszesitalok | [sɛsɛʃ itɒlok] |
| vinho (m) | bor | [bor] |
| vinho (m) branco | fehérbor | [fɛhe:rbor] |
| vinho (m) tinto | vörösbor | [vørøʃbor] |

| licor (m) | likőr | [likø:r] |
| champanhe (m) | pezsgő | [pɛʒgø:] |
| vermute (m) | vermut | [vɛrmut] |

| uísque (m) | whisky | [viski] |
| vodka (f) | vodka | [vodkɒ] |
| gim (m) | gin | [dʒin] |
| conhaque (m) | konyak | [koɲɒk] |
| rum (m) | rum | [rum] |

| café (m) | kávé | [ka:ve:] |
| café (m) puro | feketekávé | [fɛkɛtɛ ka:ve:] |
| café (m) com leite | tejeskávé | [tɛjɛʃka:ve:] |
| cappuccino (m) | tejszínes kávé | [tɛjsi:nɛʃ ka:ve:] |
| café (m) solúvel | neszkávé | [nɛska:ve:] |

| leite (m) | tej | [tɛj] |
| coquetel (m) | koktél | [kokte:l] |
| batido (m) de leite | tejkoktél | [tɛjkokte:l] |

| sumo (m) | lé | [le:] |
| sumo (m) de tomate | paradicsomlé | [pɒrɒditʃomle:] |
| sumo (m) de laranja | narancslé | [nɒrɒntʃle:] |
| sumo (m) fresco | frissen kifacsart lé | [friʃɛn kifɒtʃɒrt le:] |

| cerveja (f) | sör | [ʃør] |
| cerveja (f) clara | világos sör | [vila:goʃ ʃør] |
| cerveja (f) preta | barna sör | [bɒrnɒ ʃør] |

| chá (m) | tea | [tɛɒ] |
| chá (m) preto | feketetea | [fɛkɛtɛ tɛɒ] |
| chá (m) verde | zöldtea | [zølt tɛɒ] |

## 37. Vegetais

| legumes (m pl) | zöldségek | [zøldʃe:gɛk] |
| verduras (f pl) | zöldség | [zøldʃe:g] |

| tomate (m) | paradicsom | [pɒrɒditʃom] |
| pepino (m) | uborka | [uborkɒ] |
| cenoura (f) | sárgarépa | [ʃa:rgɒre:pɒ] |
| batata (f) | krumpli | [krumpli] |
| cebola (f) | hagyma | [hɒɟmɒ] |
| alho (m) | fokhagyma | [fokhɒɟmɒ] |

| couve (f) | káposzta | [kaːpostɒ] |
| couve-flor (f) | karfiol | [kɒrfiol] |
| couve-de-bruxelas (f) | kelbimbó | [kɛlbimboː] |
| brócolos (m pl) | brokkoli | [brokkoli] |

| beterraba (f) | cékla | [tseːklɒ] |
| beringela (f) | padlizsán | [pɒdliʒaːn] |
| curgete (f) | cukkini | [tsukkini] |
| abóbora (f) | tök | [tøk] |
| nabo (m) | répa | [reːpɒ] |

| salsa (f) | petrezselyem | [pɛtrɛʒɛjɛm] |
| funcho, endro (m) | kapor | [kɒpor] |
| alface (f) | saláta | [ʃɒlaːtɒ] |
| aipo (m) | zeller | [zɛllɛr] |
| espargo (m) | spárga | [ʃpaːrgɒ] |
| espinafre (m) | spenót | [ʃpɛnoːt] |

| ervilha (f) | borsó | [borʃoː] |
| fava (f) | bab | [bɒb] |
| milho (m) | kukorica | [kukoritsɒ] |
| feijão (m) | bab | [bɒb] |

| pimentão (m) | paprika | [pɒprikɒ] |
| rabanete (m) | hónapos retek | [hoːnɒpoʃ rɛtɛk] |
| alcachofra (f) | articsóka | [ɒrtitʃoːkɒ] |

## 38. Frutos. Nozes

| fruta (f) | gyümölcs | [ɟymølt͡ʃ] |
| maçã (f) | alma | [ɒlmɒ] |
| pera (f) | körte | [kørtɛ] |
| limão (m) | citrom | [tsitrom] |
| laranja (f) | narancs | [nɒrɒnt͡ʃ] |
| morango (m) | eper | [ɛpɛr] |

| tangerina (f) | mandarin | [mɒndɒrin] |
| ameixa (f) | szilva | [silvɒ] |
| pêssego (m) | őszibarack | [øːsibɒrɒtsk] |
| damasco (m) | sárgabarack | [ʃaːrgɒbɒrɒtsk] |
| framboesa (f) | málna | [maːlnɒ] |
| ananás (m) | ananász | [ɒnɒnaːs] |

| banana (f) | banán | [bɒnaːn] |
| melancia (f) | görögdinnye | [gørøgdiɲɲɛ] |
| uva (f) | szőlő | [søːløː] |
| ginja (f) | meggy | [mɛɟ] |
| cereja (f) | cseresznye | [t͡ʃɛrɛsɲɛ] |
| meloa (f) | dinnye | [diɲɲɛ] |

| toranja (f) | citrancs | [tsitrɒnt͡ʃ] |
| abacate (m) | avokádó | [ɒvokaːdoː] |
| papaia (f) | papaya | [pɒpɒjɒ] |
| manga (f) | mangó | [mɒŋgoː] |

| | | |
|---|---|---|
| romã (f) | gránátalma | [graːnaːtɒlmɒ] |
| groselha (f) vermelha | pirosribizli | [piroʃribizli] |
| groselha (f) preta | feketeribizli | [fɛkɛtɛ ribizli] |
| groselha (f) espinhosa | egres | [ɛgrɛʃ] |
| mirtilo (m) | fekete áfonya | [fɛkɛtɛ aːfoɲɒ] |
| amora silvestre (f) | szeder | [sɛdɛr] |
| | | |
| uvas (f pl) passas | mazsola | [mɒʒolɒ] |
| figo (m) | füge | [fygɛ] |
| tâmara (f) | datolya | [dɒtojɒ] |
| | | |
| amendoim (m) | földimogyoró | [føldimoɟøroː] |
| amêndoa (f) | mandula | [mɒndulɒ] |
| noz (f) | dió | [dioː] |
| avelã (f) | mogyoró | [moɟøroː] |
| coco (m) | kókuszdió | [koːkusdioː] |
| pistáchios (m pl) | pisztácia | [pistaːtsiɒ] |

### 39. Pão. Bolaria

| | | |
|---|---|---|
| pastelaria (f) | édesipari áruk | [eːdɛʃipɒri aːruk] |
| pão (m) | kenyér | [kɛneːr] |
| bolacha (f) | sütemény | [ʃytɛmeːɲ] |
| | | |
| chocolate (m) | csokoládé | [tʃokolaːdeː] |
| de chocolate | csokoládé | [tʃokolaːdeː] |
| rebuçado (m) | cukorka | [tsukorkɒ] |
| bolo (cupcake, etc.) | torta | [tortɒ] |
| bolo (m) de aniversário | torta | [tortɒ] |
| | | |
| tarte (~ de maçã) | töltött lepény | [tøltøtt lɛpeːɲ] |
| recheio (m) | töltelék | [tøltɛleːk] |
| | | |
| doce (m) | lekvár | [lɛkvaːr] |
| geleia (f) de frutas | gyümölcszselé | [ɟymøltʃ ʒɛleː] |
| waffle (m) | ostya | [oʃcɒ] |
| gelado (m) | fagylalt | [fɒɟlɒlt] |

### 40. Pratos cozinhados

| | | |
|---|---|---|
| prato (m) | étel | [eːtɛl] |
| cozinha (~ portuguesa) | konyha | [koɲhɒ] |
| receita (f) | recept | [rɛtsɛpt] |
| porção (f) | adag | [ɒdɒg] |
| | | |
| salada (f) | saláta | [ʃolaːtɒ] |
| sopa (f) | leves | [lɛvɛʃ] |
| | | |
| caldo (m) | erőleves | [ɛrøːlɛvɛʃ] |
| sandes (f) | szendvics | [sɛndvitʃ] |
| ovos (m pl) estrelados | tojásrántotta | [tojaːʃraːntottɒ] |
| hambúrguer (m) | hamburger | [hɒmburgɛr] |

| | | |
|---|---|---|
| bife (m) | bifsztek | [bifstɛk] |
| conduto (m) | köret | [kørɛt] |
| espaguete (m) | spagetti | [ʃpɒgɛtti] |
| puré (m) de batata | burgonyapüré | [burgoɲɒpyre:] |
| pizza (f) | pizza | [pitsɒ] |
| papa (f) | kása | [ka:ʃɒ] |
| omelete (f) | tojáslepény | [toja:ʃlɛpe:ɲ] |
| | | |
| cozido em água | főtt | [fø:tt] |
| fumado | füstölt | [fyʃtølt] |
| frito | sült | [ʃylt] |
| seco | aszalt | [ɒsɒlt] |
| congelado | fagyasztott | [fɒɟostott] |
| em conserva | ecetben eltett | [ɛtsɛtbɛn ɛltɛtt] |
| | | |
| doce (açucarado) | édes | [e:dɛʃ] |
| salgado | sós | [ʃo:ʃ] |
| frio | hideg | [hidɛg] |
| quente | meleg | [mɛlɛg] |
| amargo | keserű | [kɛʃɛry:] |
| gostoso | finom | [finom] |
| | | |
| cozinhar (em água a ferver) | főz | [fø:z] |
| fazer, preparar (vt) | készít | [ke:si:t] |
| fritar (vt) | süt | [ʃyt] |
| aquecer (vt) | melegít | [mɛlɛgi:t] |
| | | |
| salgar (vt) | sóz | [ʃo:z] |
| apimentar (vt) | borsoz | [borʃoz] |
| ralar (vt) | reszel | [rɛsɛl] |
| casca (f) | héj | [he:j] |
| descascar (vt) | hámoz | [ha:moz] |

## 41. Especiarias

| | | |
|---|---|---|
| sal (m) | só | [ʃo:] |
| salgado | sós | [ʃo:ʃ] |
| salgar (vt) | sóz | [ʃo:z] |
| | | |
| pimenta (f) preta | feketebors | [fɛkɛtɛ borʃ] |
| pimenta (f) vermelha | pirospaprika | [piroʃpɒprikɒ] |
| mostarda (f) | mustár | [muʃta:r] |
| raiz-forte (f) | torma | [tormɒ] |
| | | |
| condimento (m) | fűszer | [fy:sɛr] |
| especiaria (f) | fűszer | [fy:sɛr] |
| molho (m) | szósz | [so:s] |
| vinagre (m) | ecet | [ɛtsɛt] |
| | | |
| anis (m) | ánizs | [a:nis] |
| manjericão (m) | bazsalikom | [bɒʒɒlikom] |
| cravo (m) | szegfű | [sɛgfy:] |
| gengibre (m) | gyömbér | [ɟømbe:r] |
| coentro (m) | koriander | [koriɒndɛr] |

| | | |
|---|---|---|
| canela (f) | fahéj | [fɒheːj] |
| sésamo (m) | szezámmag | [sɛzaːmmɒg] |
| folhas (f pl) de louro | babérlevél | [bɒbeːrlɛveːl] |
| páprica (f) | paprika | [pɒprikɒ] |
| cominho (m) | kömény | [kømeːɲ] |
| açafrão (m) | sáfrány | [ʃaːfraːɲ] |

## 42. Refeições

| | | |
|---|---|---|
| comida (f) | étel | [eːtɛl] |
| comer (vt) | eszik | [ɛsik] |
| | | |
| pequeno-almoço (m) | reggeli | [rɛggɛli] |
| tomar o pequeno-almoço | reggelizik | [rɛggɛlizik] |
| almoço (m) | ebéd | [ɛbeːd] |
| almoçar (vi) | ebédel | [ɛbeːdɛl] |
| jantar (m) | vacsora | [vɒtʃorɒ] |
| jantar (vi) | vacsorázik | [vɒtʃoraːzik] |
| | | |
| apetite (m) | étvágy | [eːtvaːɟ] |
| Bom apetite! | Jó étvágyat! | [joː eːtvaːɟot] |
| | | |
| abrir (~ uma lata, etc.) | nyit | [ɲit] |
| derramar (vt) | kiönt | [kiønt] |
| derramar-se (vr) | kiömlik | [kiømlik] |
| ferver (vi) | forr | [forr] |
| ferver (vt) | forral | [forrɒl] |
| fervido | forralt | [forrɒlt] |
| arrefecer (vt) | lehűt | [lɛhyːt] |
| arrefecer-se (vr) | lehűl | [lɛhyːl] |
| | | |
| sabor, gosto (m) | íz | [iːz] |
| gostinho (m) | utóíz | [utoːiːz] |
| | | |
| fazer dieta | lefogy | [lɛfoɟ] |
| dieta (f) | diéta | [dieːtɒ] |
| vitamina (f) | vitamin | [vitɒmin] |
| caloria (f) | kalória | [kɒloːriɒ] |
| vegetariano (m) | vegetáriánus | [vɛgɛtaːriaːnuʃ] |
| vegetariano | vegetáriánus | [vɛgɛtaːriaːnuʃ] |
| | | |
| gorduras (f pl) | zsír | [ʒiːr] |
| proteínas (f pl) | fehérje | [fɛheːrjɛ] |
| carboidratos (m pl) | szénhidrát | [seːnhidraːt] |
| fatia (~ de limão, etc.) | szelet | [sɛlɛt] |
| pedaço (~ de bolo) | szelet | [sɛlɛt] |
| migalha (f) | morzsa | [morʒɒ] |

## 43. Por a mesa

| | | |
|---|---|---|
| colher (f) | kanál | [kɒnaːl] |
| faca (f) | kés | [keːʃ] |

| garfo (m) | villa | [villɒ] |
| chávena (f) | csésze | [ʧeːsɛ] |
| prato (m) | tányér | [taːneːr] |
| pires (m) | csészealj | [ʧeːsɛɒj] |
| guardanapo (m) | szalvéta | [sɒlveːtɒ] |
| palito (m) | fogpiszkáló | [fokpiskaːloː] |

## 44. Restaurante

| restaurante (m) | étterem | [eːttɛrɛm] |
| café (m) | kávézó | [kaːveːzoː] |
| bar (m), cervejaria (f) | bár | [baːr] |
| salão (m) de chá | tea szalon | [tɛɒ sɒlon] |

| empregado (m) de mesa | pincér | [pintseːr] |
| empregada (f) de mesa | pincérnő | [pintseːrnøː] |
| barman (m) | bármixer | [baːrmiksɛr] |

| ementa (f) | étlap | [eːtlɒp] |
| lista (f) de vinhos | borlap | [borlɒp] |
| reservar uma mesa | asztalt foglal | [ɒstɒlt foglɒl] |

| prato (m) | étel | [eːtɛl] |
| pedir (vt) | rendel | [rɛndɛl] |
| fazer o pedido | rendel | [rɛndɛl] |

| aperitivo (m) | aperitif | [ɒpɛritif] |
| entrada (f) | előétel | [ɛløːeːtɛl] |
| sobremesa (f) | desszert | [dɛssɛrt] |

| conta (f) | számla | [saːmlɒ] |
| pagar a conta | számlát fizet | [saːmlaːt fizɛt] |
| dar o troco | visszajáró pénzt ad | [vissɒjaːroː peːnzt ɒd] |
| gorjeta (f) | borravaló | [borrɒvɒloː] |

# Família, parentes e amigos

## 45. Informação pessoal. Formulários

| | | |
|---|---|---|
| nome (m) | név | [ne:v] |
| apelido (m) | vezetéknév | [vɛzɛte:k ne:v] |
| data (f) de nascimento | születési dátum | [sylɛte:ʃi da:tum] |
| local (m) de nascimento | születési hely | [sylɛte:ʃi hɛj] |
| nacionalidade (f) | nemzetiség | [nɛmzɛtiʃe:g] |
| lugar (m) de residência | lakcím | [lɒktsi:m] |
| país (m) | ország | [orsa:g] |
| profissão (f) | foglalkozás | [foglɒlkoza:ʃ] |
| sexo (m) | nem | [nɛm] |
| estatura (f) | magasság | [mɒgɒʃa:g] |
| peso (m) | súly | [ʃu:j] |

## 46. Membros da família. Parentes

| | | |
|---|---|---|
| mãe (f) | anya | [ɒɲɒ] |
| pai (m) | apa | [ɒpɒ] |
| filho (m) | fiú | [fiu:] |
| filha (f) | lány | [la:ɲ] |
| filha (f) mais nova | fiatalabb lány | [fiɒtɒlɒbb la:ɲ] |
| filho (m) mais novo | fiatalabb fiú | [fiɒtɒlɒbb fiu:] |
| filha (f) mais velha | idősebb lány | [idø:ʃɛbb la:ɲ] |
| filho (m) mais velho | idősebb fiú | [idø:ʃɛbb fiu:] |
| irmão (m) mais velho | báty | [ba:c] |
| irmão (m) mais novo | öcs | [øtʃ] |
| irmã (f) mais velha | nővér | [nø:ve:r] |
| irmã (f) mais nova | húg | [hu:g] |
| primo (m) | unokabáty | [unokɒ ba:c] |
| prima (f) | unokanővér | [unokɒ nø:ve:r] |
| mamã (f) | anya | [ɒɲɒ] |
| papá (m) | apa | [ɒpɒ] |
| pais (pl) | szülők | [sylø:k] |
| criança (f) | gyerek | [ɟɛrɛk] |
| crianças (f pl) | gyerekek | [ɟɛrɛkɛk] |
| avó (f) | nagyanya | [nɒɟɒɲɒ] |
| avô (m) | nagyapa | [nɒɟɒpɒ] |
| neto (m) | unoka | [unokɒ] |
| neta (f) | unoka | [unokɒ] |
| netos (pl) | unokák | [unoka:k] |

| | | |
|---|---|---|
| tio (m) | bácsi | [baːtʃi] |
| tia (f) | néni | [neːni] |
| sobrinho (m) | unokaöcs | [unokɒøtʃ] |
| sobrinha (f) | unokahúg | [unokɒhuːg] |
| | | |
| sogra (f) | anyós | [ɒɲøːʃ] |
| sogro (m) | após | [ɒpoːʃ] |
| genro (m) | vő | [vøː] |
| madrasta (f) | mostohaanya | [moʃtohɒɒɲɒ] |
| padrasto (m) | mostohaapa | [moʃtohɒɒpɒ] |
| | | |
| criança (f) de colo | csecsemő | [tʃɛtʃɛmøː] |
| bebé (m) | csecsemő | [tʃɛtʃɛmøː] |
| menino (m) | kisgyermek | [kiɟɟɛrmɛk] |
| | | |
| mulher (f) | feleség | [fɛlɛʃeːg] |
| marido (m) | férj | [feːrj] |
| esposo (m) | házastárs | [haːzɒʃtaːrʃ] |
| esposa (f) | hitves | [hitvɛʃ] |
| | | |
| casado | nős | [nøːʃ] |
| casada | férjnél | [feːrjneːl] |
| solteiro | nőtlen | [nøːtlɛn] |
| solteirão (m) | nőtlen ember | [nøːtlɛn ɛmbɛr] |
| divorciado | elvált | [ɛlvaːlt] |
| viúva (f) | özvegy | [øzvɛɟ] |
| viúvo (m) | özvegy | [øzvɛɟ] |
| | | |
| parente (m) | rokon | [rokon] |
| parente (m) próximo | közeli rokon | [køzɛli rokon] |
| parente (m) distante | távoli rokon | [taːvoli rokon] |
| parentes (m pl) | rokonok | [rokonok] |
| | | |
| órfão (m), órfã (f) | árva | [aːrvɒ] |
| tutor (m) | gyám | [ɟaːm] |
| adotar (um filho) | örökbe fogad | [ørøkbɛ fogɒd] |
| adotar (uma filha) | örökbe fogad | [ørøkbɛ fogɒd] |

# Medicina

## 47. Doenças

| | | |
|---|---|---|
| doença (f) | betegség | [bɛtɛgʃe:g] |
| estar doente | beteg van | [bɛtɛg vɒn] |
| saúde (f) | egészség | [ɛge:ʃe:g] |
| | | |
| nariz (m) a escorrer | nátha | [na:thɒ] |
| amigdalite (f) | torokgyulladás | [torokɟyllɒda:ʃ] |
| constipação (f) | megfázás | [mɛgfa:za:ʃ] |
| constipar-se (vr) | megfázik | [mɛgfa:zik] |
| | | |
| bronquite (f) | hörghurut | [hørgfurut] |
| pneumonia (f) | tüdőgyulladás | [tydø:ɟyllɒja:ʃ] |
| gripe (f) | influenza | [influɛnzɒ] |
| | | |
| míope | rövidlátó | [røvidla:to:] |
| presbita | távollátó | [ta:volla:to:] |
| estrabismo (m) | kancsalság | [kɒntʃɒlʃa:g] |
| estrábico | kancsal | [kɒntʃɒl] |
| catarata (f) | szürke hályog | [syrkɛ ha:jog] |
| glaucoma (m) | glaukóma | [glɒuko:mɒ] |
| | | |
| AVC (m), apoplexia (f) | inzultus | [inzultuʃ] |
| ataque (m) cardíaco | infarktus | [inforktuʃ] |
| paralisia (f) | bénaság | [be:nɒʃa:g] |
| paralisar (vt) | megbénít | [mɛgbe:ni:t] |
| | | |
| alergia (f) | allergia | [ɒllɛrgiɒ] |
| asma (f) | asztma | [ɒstmɒ] |
| diabetes (f) | cukorbaj | [tsukorbɒj] |
| | | |
| dor (f) de dentes | fogfájás | [fogfa:ja:ʃ] |
| cárie (f) | fogszuvasodás | [fogsuvɒʃoda:ʃ] |
| | | |
| diarreia (f) | hasmenés | [hɒʃmɛne:ʃ] |
| prisão (f) de ventre | szorulás | [sorula:ʃ] |
| desarranjo (m) intestinal | gyomorrontás | [ɟømorronta:ʃ] |
| intoxicação (f) alimentar | mérgezés | [me:rgɛze:ʃ] |
| intoxicar-se | mérgezést kap | [me:rgɛze:ʃt kɒp] |
| | | |
| artrite (f) | ízületi gyulladás | [i:zylɛti ɟyllɒda:ʃ] |
| raquitismo (m) | angolkór | [ɒŋgolko:r] |
| reumatismo (m) | reuma | [rɛumɒ] |
| arteriosclerose (f) | érelmeszesedés | [e:rɛlmɛsɛʃɛde:ʃ] |
| | | |
| gastrite (f) | gyomorhurut | [ɟømorhurut] |
| apendicite (f) | vakbélgyulladás | [vɒkbe:ʎyllɒda:ʃ] |
| colecistite (f) | epehólyaggyulladás | [ɛpɛho:jɒgɟyllɒda:ʃ] |

T&P Books. Vocabulário Português-Húngaro - 5000 palavras

| | | |
|---|---|---|
| úlcera (f) | fekély | [fɛkeːj] |
| sarampo (m) | kanyaró | [kɒɲɒroː] |
| rubéola (f) | rózsahimlő | [roːʒɒhimløː] |
| iterícia (f) | sárgaság | [ʃaːrgɒʃaːg] |
| hepatite (f) | hepatitisz | [hɛpɒtitis] |

| | | |
|---|---|---|
| esquizofrenia (f) | szkizofrénia | [skizofreːniɒ] |
| raiva (f) | veszettség | [vɛsɛttʃeːg] |
| neurose (f) | neurózis | [nɛuroːziʃ] |
| comoção (f) cerebral | agyrázkódás | [ɒɟraːskodaːʃ] |

| | | |
|---|---|---|
| cancro (m) | rák | [raːk] |
| esclerose (f) | szklerózis | [sklɛroːziʃ] |
| esclerose (f) múltipla | szklerózis multiplex | [sklɛroːziʃ multiplɛks] |

| | | |
|---|---|---|
| alcoolismo (m) | alkoholizmus | [ɒlkoholizmuʃ] |
| alcoólico (m) | alkoholista | [ɒlkoholiʃtɒ] |
| sífilis (f) | szifilisz | [sifiliʃ] |
| SIDA (f) | AIDS | [ɛjds] |

| | | |
|---|---|---|
| tumor (m) | daganat | [dɒgɒnɒt] |
| febre (f) | láz | [laːz] |
| malária (f) | malária | [mɒlaːriɒ] |
| gangrena (f) | üszkösödés | [yskøʃødeːʃ] |
| enjoo (m) | tengeribetegség | [tɛŋgɛribɛtɛgʃeːg] |
| epilepsia (f) | epilepszia | [ɛpilɛpsiɒ] |

| | | |
|---|---|---|
| epidemia (f) | járvány | [jaːrvaːɲ] |
| tifo (m) | tífusz | [tiːfus] |
| tuberculose (f) | tuberkulózis | [tubɛrkuloːziʃ] |
| cólera (f) | kolera | [kolɛrɒ] |
| peste (f) | pestis | [pɛʃtiʃ] |

## 48. Sintomas. Tratamentos. Parte 1

| | | |
|---|---|---|
| sintoma (m) | tünet | [tynɛt] |
| temperatura (f) | láz | [laːz] |
| febre (f) | magas láz | [mɒgɒʃ laːz] |
| pulso (m) | pulzus | [pulzuʃ] |

| | | |
|---|---|---|
| vertigem (f) | szédülés | [seːdyleːʃ] |
| quente (testa, etc.) | forró | [forroː] |
| calafrio (m) | hidegrázás | [hidɛgraːzaːʃ] |
| pálido | sápadt | [ʃaːpɒtt] |

| | | |
|---|---|---|
| tosse (f) | köhögés | [køhøgeːʃ] |
| tossir (vi) | köhög | [køhøg] |
| espirrar (vi) | tüsszent | [tyssɛnt] |
| desmaio (m) | ájulás | [aːjulaːʃ] |
| desmaiar (vi) | elájul | [ɛlaːjul] |

| | | |
|---|---|---|
| nódoa (f) negra | kék folt | [keːk folt] |
| galo (m) | dudor | [dudor] |
| magoar-se (vr) | nekiütődik | [nɛkiytøːdik] |

48

| | | |
|---|---|---|
| pisadura (f) | ütés | [yte:ʃ] |
| aleijar-se (vr) | megüti magát | [mɛgyti mɒga:t] |
| | | |
| coxear (vi) | sántít | [ʃa:nti:t] |
| deslocação (f) | ficam | [fitsɒm] |
| deslocar (vt) | kificamít | [kifitsɒmi:t] |
| fratura (f) | törés | [tøre:ʃ] |
| fraturar (vt) | eltör | [ɛltør] |
| | | |
| corte (m) | vágás | [va:ga:ʃ] |
| cortar-se (vr) | megvágja magát | [mɛgva:gjɒ mɒga:t] |
| hemorragia (f) | vérzés | [ve:rze:ʃ] |
| | | |
| queimadura (f) | égési seb | [e:ge:ʃi ʃɛb] |
| queimar-se (vr) | megégeti magát | [mɛge:gɛti mɒga:t] |
| | | |
| picar (vt) | megszúr | [mɛgsu:r] |
| picar-se (vr) | megszúrja magát | [mɛgsu:rjɒ mɒga:t] |
| lesionar (vt) | megsért | [mɛgʃe:rt] |
| lesão (m) | sérülés | [ʃe:ryle:ʃ] |
| ferida (f), ferimento (m) | seb | [ʃɛb] |
| trauma (m) | sérülés | [ʃe:ryle:ʃ] |
| | | |
| delirar (vi) | félrebeszél | [fe:lrɛbɛse:l] |
| gaguejar (vi) | dadog | [dɒdog] |
| insolação (f) | napszúrás | [nɒpsu:ra:ʃ] |

## 49. Sintomas. Tratamentos. Parte 2

| | | |
|---|---|---|
| dor (f) | fájdalom | [fa:jdɒlom] |
| farpa (no dedo) | szálka | [sa:lkɒ] |
| | | |
| suor (m) | veríték | [vɛri:te:k] |
| suar (vi) | izzad | [izzɒd] |
| vómito (m) | hányás | [ha:ɲa:ʃ] |
| convulsões (f pl) | görcs | [gørtʃ] |
| | | |
| grávida | terhes | [tɛrhɛʃ] |
| nascer (vi) | születik | [sylɛtik] |
| parto (m) | szülés | [syle:ʃ] |
| dar à luz | szül | [syl] |
| aborto (m) | magzatelhajtás | [mɒgzɒtɛlhɒjta:ʃ] |
| | | |
| respiração (f) | lélegzés | [le:lɛgze:ʃ] |
| inspiração (f) | belégzés | [bɛle:gze:ʃ] |
| expiração (f) | kilégzés | [kile:gze:ʃ] |
| expirar (vi) | kilélegzik | [kile:lɛgzik] |
| inspirar (vi) | belélegzik | [bɛle:lɛgzik] |
| | | |
| inválido (m) | rokkant | [rokkɒnt] |
| aleijado (m) | nyomorék | [ɲomore:k] |
| toxicodependente (m) | narkós | [nɒrko:ʃ] |
| surdo | süket | [ʃykɛt] |
| mudo | néma | [ne:mɒ] |

| | | |
|---|---|---|
| surdo-mudo | süketnéma | [ʃykɛtneːmɒ] |
| louco (adj.) | őrült | [øːrylt] |
| louco (m) | őrült férfi | [øːrylt feːrfi] |
| louca (f) | őrült nő | [øːrylt nøː] |
| ficar louco | megőrül | [mɛgøːryl] |

| | | |
|---|---|---|
| gene (m) | gén | [geːn] |
| imunidade (f) | immunitás | [immunitaːʃ] |
| hereditário | örökölt | [ørøkølt] |
| congénito | veleszületett | [vɛlɛʃsylɛtɛtt] |

| | | |
|---|---|---|
| vírus (m) | vírus | [viːruʃ] |
| micróbio (m) | mikroba | [mikrobɒ] |
| bactéria (f) | baktérium | [bɒkteːrium] |
| infeção (f) | fertőzés | [fɛrtøːzeːʃ] |

## 50. Sintomas. Tratamentos. Parte 3

| | | |
|---|---|---|
| hospital (m) | kórház | [koːrhaːz] |
| paciente (m) | beteg | [bɛtɛg] |

| | | |
|---|---|---|
| diagnóstico (m) | diagnózis | [diɒgnoːziʃ] |
| cura (f) | gyógyítás | [ɟøːɟiːtaːʃ] |
| tratamento (m) médico | kezelés | [kɛzɛlɛːʃ] |
| curar-se (vr) | gyógyul | [ɟøːɟyl] |
| tratar (vt) | gyógyít | [ɟøːɟiːt] |
| cuidar (pessoa) | ápol | [aːpol] |
| cuidados (m pl) | ápolás | [aːpolaːʃ] |

| | | |
|---|---|---|
| operação (f) | műtét | [myːteːt] |
| enfaixar (vt) | beköt | [bɛkøt] |
| enfaixamento (m) | bekötés | [bɛkøteːʃ] |
| vacinação (f) | oltás | [oltaːʃ] |
| vacinar (vt) | beolt | [bɛolt] |
| injeção (f) | injekció | [iɲɛktsioː] |
| dar uma injeção | injekciót ad | [iɲɛktsioːt ɒd] |

| | | |
|---|---|---|
| ataque (~ de asma, etc.) | roham | [rohɒm] |
| amputação (f) | amputálás | [ɒmputaːlaːʃ] |
| amputar (vt) | csonkol | [tʃoŋkol] |
| coma (f) | kóma | [koːmɒ] |
| estar em coma | kómában van | [koːmaːbɒn vɒn] |
| reanimação (f) | reanimáció | [rɛɒnimaːtsioː] |

| | | |
|---|---|---|
| recuperar-se (vr) | felgyógyul | [fɛlɟøːɟyl] |
| estado (~ de saúde) | állapot | [aːllɒpot] |
| consciência (f) | eszmélet | [ɛsmeːlɛt] |
| memória (f) | emlékezet | [ɛmleːkɛzɛt] |

| | | |
|---|---|---|
| tirar (vt) | húz | [huːz] |
| chumbo (m), obturação (f) | fogtömés | [fogtømeːʃ] |
| chumbar, obturar (vt) | fogat betöm | [fogɒt bɛtøm] |
| hipnose (f) | hipnózis | [hipnoːziʃ] |
| hipnotizar (vt) | hipnotizál | [hipnotizaːl] |

## 51. Médicos

| | | |
|---|---|---|
| médico (m) | orvos | [orvoʃ] |
| enfermeira (f) | nővér | [nø:ve:r] |
| médico (m) pessoal | személyes orvos | [sɛme:jɛʃ orvoʃ] |
| | | |
| dentista (m) | fogász | [foga:s] |
| oculista (m) | szemész | [sɛme:s] |
| terapeuta (m) | belgyógyász | [bɛlɟø:ɟa:s] |
| cirurgião (m) | sebész | [ʃɛbe:s] |
| | | |
| psiquiatra (m) | elmeorvos | [ɛlmɛorvoʃ] |
| pediatra (m) | gyermekorvos | [ɟɛrmɛk orvoʃ] |
| psicólogo (m) | pszichológus | [psiholo:guʃ] |
| ginecologista (m) | nőgyógyász | [nø:ɟø:ɟa:s] |
| cardiologista (m) | kardiológus | [kɒrdjolo:guʃ] |

## 52. Medicina. Drogas. Acessórios

| | | |
|---|---|---|
| medicamento (m) | gyógyszer | [ɟø:ɟsɛr] |
| remédio (m) | orvosság | [orvoʃa:g] |
| receitar (vt) | felír | [fɛli:r] |
| receita (f) | recept | [rɛtsɛpt] |
| | | |
| comprimido (m) | tabletta | [tɒblɛttɒ] |
| pomada (f) | kenőcs | [kɛnø:tʃ] |
| ampola (f) | ampulla | [ɒmpullɒ] |
| preparado (m) | gyógyszerkeverék | [ɟø:ɟsɛr kɛvɛre:k] |
| xarope (m) | szirup | [sirup] |
| cápsula (f) | pirula | [pirulɒ] |
| remédio (m) em pó | por | [por] |
| | | |
| ligadura (f) | kötés | [køte:ʃ] |
| algodão (m) | vatta | [vɒttɒ] |
| iodo (m) | jódtinktúra | [jo:ttiŋktu:rɒ] |
| | | |
| penso (m) rápido | ragtapasz | [rɒgtɒpɒs] |
| conta-gotas (m) | pipetta | [pipɛttɒ] |
| termómetro (m) | hőmérő | [hø:me:rø:] |
| seringa (f) | fecskendő | [fɛtʃkɛndø:] |
| | | |
| cadeira (f) de rodas | tolószék | [tolo:se:k] |
| muletas (f pl) | mankók | [mɒŋko:k] |
| | | |
| analgésico (m) | fájdalomcsillapító | [fa:jdɒlomtʃillɒpi:to:] |
| laxante (m) | hashajtó | [hɒʃhɒjto:] |
| álcool (m) etílico | szesz | [sɛs] |
| ervas (f pl) medicinais | fű | [fy:] |
| de ervas (chá ~) | fű | [fy:] |

# HABITAT HUMANO

## Cidade

### 53. Cidade. Vida na cidade

| | | |
|---|---|---|
| cidade (f) | város | [vaːroʃ] |
| capital (f) | főváros | [føːvaːroʃ] |
| aldeia (f) | falu | [fɒlu] |
| | | |
| mapa (m) da cidade | város térképe | [vaːroʃ teːrkeːpɛ] |
| centro (m) da cidade | városközpont | [vaːroʃkøspont] |
| subúrbio (m) | külváros | [kylvaːroʃ] |
| suburbano | külvárosi | [kylvaːroʃi] |
| | | |
| periferia (f) | külváros | [kylvaːroʃ] |
| arredores (m pl) | környék | [kørneːk] |
| quarteirão (m) | városnegyed | [vaːroʃnɛɟɛd] |
| quarteirão (m) residencial | lakótelep | [lɒkoːtɛlɛp] |
| | | |
| tráfego (m) | közlekedés | [køzlɛkɛdeːʃ] |
| semáforo (m) | lámpa | [laːmpɒ] |
| transporte (m) público | városi közlekedés | [vaːroʃi køzlɛkɛdeːʃ] |
| cruzamento (m) | útkereszteződés | [uːtkɛrɛstɛzøːdeːs] |
| | | |
| passadeira (f) | átkelőhely | [aːtkɛløːhɛj] |
| passagem (f) subterrânea | aluljáró | [ɒluljaːroː] |
| cruzar, atravessar (vt) | átmegy | [aːtmɛɟ] |
| peão (m) | gyalogos | [ɟɒlogoʃ] |
| passeio (m) | járda | [jaːrdɒ] |
| | | |
| ponte (f) | híd | [hiːd] |
| margem (f) do rio | rakpart | [rɒkpɒrt] |
| fonte (f) | szökőkút | [søkøːkuːt] |
| | | |
| alameda (f) | fasor | [fɒʃor] |
| parque (m) | park | [pɒrk] |
| bulevar (m) | sétány | [ʃeːtaːɲ] |
| praça (f) | tér | [teːr] |
| avenida (f) | sugárút | [ʃugaːruːt] |
| rua (f) | utca | [uttsɒ] |
| travessa (f) | mellékutca | [mɛlleːkutsɒ] |
| beco (m) sem saída | zsákutca | [ʒaːkuttsɒ] |
| | | |
| casa (f) | ház | [haːz] |
| edifício, prédio (m) | épület | [eːpylɛt] |
| arranha-céus (m) | felhőkarcoló | [fɛlhøːkɒrtsoloː] |
| fachada (f) | homlokzat | [homlogzɒt] |
| telhado (m) | tető | [tɛtøː] |

| janela (f) | ablak | [ɒblɒk] |
| arco (m) | boltív | [bolti:v] |
| coluna (f) | oszlop | [oslop] |
| esquina (f) | sarok | [ʃɒrok] |

| montra (f) | kirakat | [kirɒkɒt] |
| letreiro (m) | cégtábla | [tse:gta:blɒ] |
| cartaz (m) | poszter | [pɒstɛr] |
| cartaz (m) publicitário | reklámplakát | [rɛkla:m plɒka:t] |
| painel (m) publicitário | hirdetőtábla | [hirdɛtø:ta:blɒ] |

| lixo (m) | szemét | [sɛme:t] |
| cesta (f) do lixo | kuka | [kukɒ] |
| jogar lixo na rua | szemetel | [sɛmɛtɛl] |
| aterro (m) sanitário | szemétlerakó hely | [sɛme:tlɛrɒko: hɛj] |

| cabine (f) telefónica | telefonfülke | [tɛlɛfonfylkɛ] |
| candeeiro (m) de rua | lámpaoszlop | [la:mpɒoslop] |
| banco (m) | pad | [pɒd] |

| polícia (m) | rendőr | [rɛndø:r] |
| polícia (instituição) | rendőrség | [rɛndø:rʃe:g] |
| mendigo (m) | koldus | [kolduʃ] |
| sem-abrigo (m) | hajléktalan | [hɒjle:ktɒlɒn] |

## 54. Instituições urbanas

| loja (f) | bolt | [bolt] |
| farmácia (f) | gyógyszertár | [ɟø:ɟsɛrta:r] |
| ótica (f) | optika | [optikɒ] |
| centro (m) comercial | vásárlóközpont | [va:ʃa:rlo: køspont] |
| supermercado (m) | szupermarket | [supɛrmɒrkɛt] |

| padaria (f) | péküzlet | [pe:kyzlɛt] |
| padeiro (m) | pék | [pe:k] |
| pastelaria (f) | cukrászda | [tsukra:sdɒ] |
| mercearia (f) | élelmiszerbolt | [e:lɛlmisɛrbolt] |
| talho (m) | húsbolt | [hu:ʃbolt] |

| loja (f) de legumes | zöldségbolt | [zøldʃe:gbolt] |
| mercado (m) | piac | [piɒts] |

| café (m) | kávézó | [ka:ve:zo:] |
| restaurante (m) | étterem | [e:ttɛrɛm] |
| bar (m), cervejaria (f) | söröző | [ʃørøzø:] |
| pizzaria (f) | pizzéria | [pitse:riɒ] |

| salão (m) de cabeleireiro | fodrászat | [fodra:sɒt] |
| correios (m pl) | posta | [poʃtɒ] |
| lavandaria (f) | vegytisztítás | [vɛɟtisti:ta:ʃ] |
| estúdio (m) fotográfico | fényképészet | [fe:ɲke:pe:sɛt] |

| sapataria (f) | cipőbolt | [tsipø:bolt] |
| livraria (f) | könyvesbolt | [køɲvɛʃbolt] |

| Português | Húngaro | Pronúncia |
|---|---|---|
| loja (f) de artigos de desporto | sportbolt | [ʃportbolt] |
| reparação (f) de roupa | ruhajavítás | [ruhɒ jɒviːtaːʃ] |
| aluguer (m) de roupa | ruhakölcsönzés | [ruhɒ køltʃønzeːʃ] |
| aluguer (m) de filmes | filmkölcsönzés | [film køltʃønzeːʃ] |

| | | |
|---|---|---|
| circo (m) | cirkusz | [tsirkus] |
| jardim (m) zoológico | állatkert | [aːllɒt kɛrt] |
| cinema (m) | mozi | [mozi] |
| museu (m) | múzeum | [muːzɛum] |
| biblioteca (f) | könyvtár | [køɲvtaːr] |

| | | |
|---|---|---|
| teatro (m) | színház | [siːnhaːz] |
| ópera (f) | opera | [opɛrɒ] |
| clube (m) noturno | éjjeli klub | [eːjjɛli klub] |
| casino (m) | kaszinó | [kɒsinoː] |

| | | |
|---|---|---|
| mesquita (f) | mecset | [mɛtʃɛt] |
| sinagoga (f) | zsinagóga | [ʒinɒgoːgɒ] |
| catedral (f) | székesegyház | [seːkɛʃɛɟhaːz] |
| templo (m) | templom | [tɛmplom] |
| igreja (f) | templom | [tɛmplom] |

| | | |
|---|---|---|
| instituto (m) | intézet | [inteːzɛt] |
| universidade (f) | egyetem | [ɛɟɛtɛm] |
| escola (f) | iskola | [iʃkolɒ] |

| | | |
|---|---|---|
| prefeitura (f) | polgármesteri hivatal | [polgaːrmɛʃtɛri hivɒtɒl] |
| câmara (f) municipal | városháza | [vaːroʃhaːzɒ] |
| hotel (m) | szálloda | [saːllodɒ] |
| banco (m) | bank | [bɒŋk] |

| | | |
|---|---|---|
| embaixada (f) | nagykövetség | [nɒɟkøvɛtʃːeːg] |
| agência (f) de viagens | utazási iroda | [utɒzaːʃi irodɒ] |
| agência (f) de informações | tudakozóiroda | [tudɒkozoː irodɒ] |
| casa (f) de câmbio | pénzváltó | [peːnzvaːltoː] |

| | | |
|---|---|---|
| metro (m) | metró | [mɛtroː] |
| hospital (m) | kórház | [koːrhaːz] |

| | | |
|---|---|---|
| posto (m) de gasolina | benzinkút | [bɛnziŋkuːt] |
| parque (m) de estacionamento | parkolóhely | [pɒrkoloːhɛj] |

## 55. Sinais

| | | |
|---|---|---|
| letreiro (m) | cégtábla | [tseːgtaːblɒ] |
| inscrição (f) | felirat | [fɛlirɒt] |
| cartaz, póster (m) | plakát | [plɒkaːt] |
| sinal (m) informativo | útjelző | [uːtjɛlzøː] |
| seta (f) | nyíl | [ɲiːl] |

| | | |
|---|---|---|
| aviso (advertência) | figyelmeztetés | [fiɟɛlmɛztɛteːʃ] |
| sinal (m) de aviso | figyelmeztetés | [fiɟɛlmɛztɛteːʃ] |
| avisar, advertir (vt) | figyelmeztet | [fiɟɛlmɛztɛt] |
| dia (m) de folga | szabadnap | [sɒbɒdnɒp] |

| | | |
|---|---|---|
| horário (m) | órarend | [oːrɒrɛnd] |
| horário (m) de funcionamento | nyitvatartási idő | [ɲitvɒtɒrtaːʃi idøː] |
| | | |
| BEM-VINDOS! | ISTEN HOZTA! | [iʃtɛn hoztɒ] |
| ENTRADA | BEJÁRAT | [bɛjaːrɒt] |
| SAÍDA | KIJÁRAT | [kijaːrɒt] |
| | | |
| EMPURRE | TOLNI | [tolni] |
| PUXE | HÚZNI | [huːzni] |
| ABERTO | NYITVA | [ɲitvɒ] |
| FECHADO | ZÁRVA | [zaːrvɒ] |
| | | |
| MULHER | NŐI | [nøːi] |
| HOMEM | FÉRFI | [feːrfi] |
| | | |
| DESCONTOS | KIÁRUSÍTÁS | [kiaːruʃiːtaːʃ] |
| SALDOS | KEDVEZMÉNY | [kɛdvɛzmeːɲ] |
| NOVIDADE! | ÚJDONSÁG! | [uːjdonʃaːg] |
| GRÁTIS | INGYEN | [iɲɟɛn] |
| | | |
| ATENÇÃO! | FIGYELEM! | [fiɟɛlɛm] |
| NÃO HÁ VAGAS | NINCS HELY | [nintʃ hɛj] |
| RESERVADO | FOGLALT | [foglɒlt] |
| | | |
| ADMINISTRAÇÃO | IGAZGATÁS | [igɒzgɒtaːʃ] |
| SOMENTE PESSOAL AUTORIZADO | SZEMÉLYZETI BEJÁRAT | [sɛmeːjzɛti bɛjaːrɒt] |
| | | |
| CUIDADO CÃO FEROZ | HARAPOS KUTYA | [hɒrɒpoʃ kucɒ] |
| PROIBIDO FUMAR! | DOHÁNYOZNI TILOS! | [dohaːnøzni tiloʃ] |
| NÃO TOCAR | NYÚJTANI TILOS! | [ɲuːjtɒni tiloʃ] |
| | | |
| PERIGOSO | VESZÉLYES | [vɛseːjɛʃ] |
| PERIGO | VESZÉLY | [vɛseːj] |
| ALTA TENSÃO | MAGAS FESZÜLTSÉG | [mɒgɒʃ fɛsyltʃeːg] |
| PROIBIDO NADAR | FÜRDENI TILOS | [fyrdɛni tiloʃ] |
| AVARIADO | NEM MŰKÖDIK | [nɛm myːkødik] |
| | | |
| INFLAMÁVEL | TŰZVESZÉLYES | [tyːzvɛseːjɛʃ] |
| PROIBIDO | TILOS | [tiloʃ] |
| ENTRADA PROIBIDA | TILOS AZ ÁTJÁRÁS | [tiloʃ ɒz aːtjaːraːʃ] |
| CUIDADO TINTA FRESCA | FESTETT | [fɛʃtɛtt] |

## 56. Transportes urbanos

| | | |
|---|---|---|
| autocarro (m) | busz | [bus] |
| elétrico (m) | villamos | [villɒmoʃ] |
| troleicarro (m) | trolibusz | [trolibus] |
| itinerário (m) | járat | [jaːrɒt] |
| número (m) | szám | [saːm] |
| | | |
| ir de ... (carro, etc.) | megy ...vel | [mɛɟ ...vɛl] |
| entrar (~ no autocarro) | felszáll | [fɛlsaːll] |
| descer de ... | leszáll | [lɛsaːll] |

| | | |
|---|---|---|
| paragem (f) | állomás | [aːlomaːʃ] |
| próxima paragem (f) | következő állomás | [køvɛtkɛzø: aːlomaːʃ] |
| ponto (m) final | végállomás | [veːgaːlomaːʃ] |
| horário (m) | menetrend | [mɛnɛtrɛnd] |
| esperar (vt) | vár | [vaːr] |
| | | |
| bilhete (m) | jegy | [jɛj] |
| custo (m) do bilhete | jegyár | [jɛjaːr] |
| | | |
| bilheteiro (m) | pénztáros | [peːnstaːroʃ] |
| controlo (m) dos bilhetes | ellenőrzés | [ɛllɛnøːrzeːʃ] |
| revisor (m) | ellenőr | [ɛllɛnøːr] |
| | | |
| atrasar-se (vr) | késik | [keːʃik] |
| perder (o autocarro, etc.) | elkésik ...re | [ɛlkeːʃik ...rɛ] |
| estar com pressa | siet | [ʃiɛt] |
| | | |
| táxi (m) | taxi | [tɒksi] |
| taxista (m) | taxis | [tɒksiʃ] |
| de táxi (ir ~) | taxival | [tɒksivɒl] |
| praça (f) de táxis | taxiállomás | [tɒksiaːlomaːʃ] |
| chamar um táxi | taxit hív | [tɒksit hiːv] |
| apanhar um táxi | taxival megy | [tɒksival mɛj] |
| | | |
| tráfego (m) | közlekedés | [køzlɛkɛdeːʃ] |
| engarrafamento (m) | dugó | [dugoː] |
| horas (f pl) de ponta | csúcsforgalom | [tʃuːtʃforgɒlom] |
| estacionar (vi) | parkol | [pɒrkol] |
| estacionar (vt) | parkol | [pɒrkol] |
| parque (m) de estacionamento | parkolóhely | [pɒrkoloːhɛj] |
| | | |
| metro (m) | metró | [mɛtroː] |
| estação (f) | állomás | [aːlomaːʃ] |
| ir de metro | metróval megy | [mɛtroːvɒl mɛj] |
| comboio (m) | vonat | [vonɒt] |
| estação (f) | pályaudvar | [paːjɒudvɒr] |

### 57. Turismo

| | | |
|---|---|---|
| monumento (m) | műemlék | [myːɛmleːk] |
| fortaleza (f) | erőd | [ɛrøːd] |
| palácio (m) | palota | [pɒlotɒ] |
| castelo (m) | kastély | [kɒʃteːj] |
| torre (f) | torony | [toroɲ] |
| mausoléu (m) | mauzóleum | [mɒuzoːlɛum] |
| | | |
| arquitetura (f) | építészet | [eːpiːteːsɛt] |
| medieval | középkori | [køzeːpkori] |
| antigo | ősi | [øːʃi] |
| nacional | nemzeti | [nɛmzɛti] |
| conhecido | híres | [hiːrɛʃ] |
| | | |
| turista (m) | turista | [turiʃtɒ] |
| guia (pessoa) | idegenvezető | [idɛgɛn vɛzɛtøː] |

| | | |
|---|---|---|
| excursão (f) | kirándulás | [kira:ndula:ʃ] |
| mostrar (vt) | mutat | [mutɒt] |
| contar (vt) | mesél | [mɛʃe:l] |
| | | |
| encontrar (vt) | talál | [tɒla:l] |
| perder-se (vr) | elvész | [ɛlve:s] |
| mapa (~ do metrô) | térkép | [te:rke:p] |
| mapa (~ da cidade) | térkép | [te:rke:p] |
| | | |
| lembrança (f), presente (m) | emléktárgy | [ɛmle:kta:rɟ] |
| loja (f) de presentes | ajándékbolt | [ɒja:nde:kbolt] |
| fotografar (vt) | fényképez | [fe:ɲke:pɛz] |
| fotografar-se | lefényképezteti magát | [lɛfe:ɲke:pɛztɛti mɒga:t] |

## 58. Compras

| | | |
|---|---|---|
| comprar (vt) | vásárol | [va:ʃa:rol] |
| compra (f) | vásárolt holmi | [va:ʃa:rolt holmi] |
| fazer compras | vásárol | [va:ʃa:rol] |
| compras (f pl) | vásárlás | [va:ʃa:rla:ʃ] |
| | | |
| estar aberta (loja, etc.) | dolgozik | [dolgozik] |
| estar fechada | bezáródik | [bɛza:ro:dik] |
| | | |
| calçado (m) | cipő | [tsipø:] |
| roupa (f) | ruha | [ruhɒ] |
| cosméticos (m pl) | kozmetika | [kozmɛtikɒ] |
| alimentos (m pl) | élelmiszer | [e:lɛlmisɛr] |
| presente (m) | ajándék | [ɒja:nde:k] |
| | | |
| vendedor (m) | eladó | [ɛlɒdo:] |
| vendedora (f) | eladónő | [ɛlɒdo:nø:] |
| | | |
| caixa (f) | pénztár | [pe:nsta:r] |
| espelho (m) | tükör | [tykør] |
| balcão (m) | pult | [pult] |
| cabine (f) de provas | próbafülke | [pro:bɒfylkɛ] |
| | | |
| provar (vt) | felpróbál | [fɛlpro:ba:l] |
| servir (vi) | megfelel | [mɛgfɛlɛl] |
| gostar (apreciar) | tetszik | [tɛtsik] |
| | | |
| preço (m) | ár | [a:r] |
| etiqueta (f) de preço | árcédula | [a:rtse:dulɒ] |
| custar (vt) | kerül | [kɛryl] |
| Quanto? | Mennyibe kerül? | [mɛɲɲibɛ kɛryl] |
| desconto (m) | kedvezmény | [kɛdvɛzme:ɲ] |
| | | |
| não caro | olcsó | [oltʃo:] |
| barato | olcsó | [oltʃo:] |
| caro | drága | [dra:gɒ] |
| É caro | Ez drága. | [ɛz dra:gɒ] |
| aluguer (m) | kölcsönzés | [køltʃønze:ʃ] |
| alugar (vestidos, etc.) | kölcsönöz | [køltʃønøz] |

| crédito (m) | hitel | [hitɛl] |
| a crédito | hitelbe | [hitɛlbɛ] |

## 59. Dinheiro

| dinheiro (m) | pénz | [pe:nz] |
| câmbio (m) | váltás | [va:lta:ʃ] |
| taxa (f) de câmbio | árfolyam | [a:rfojɒm] |
| Caixa Multibanco (m) | bankautomata | [bɒŋk ɒutomɒtɒ] |
| moeda (f) | érme | [e:rmɛ] |

| dólar (m) | dollár | [dolla:r] |
| euro (m) | euró | [ɛuro:] |

| lira (f) | líra | [li:rɒ] |
| marco (m) | márka | [ma:rkɒ] |
| franco (m) | frank | [frɒŋk] |
| libra (f) esterlina | font sterling | [font stɛrliŋg] |
| iene (m) | jen | [jɛn] |

| dívida (f) | adósság | [ɒdo:ʃa:g] |
| devedor (m) | adós | [ɒdo:ʃ] |
| emprestar (vt) | kölcsönad | [kølʧønɒd] |
| pedir emprestado | kölcsönvesz | [kølʧønvɛs] |

| banco (m) | bank | [bɒŋk] |
| conta (f) | számla | [sa:mlɒ] |
| depositar na conta | számlára tesz | [sa:mla:rɒ tɛs] |
| levantar (vt) | számláról lehív | [sa:mla:ro:l lɛhi:v] |

| cartão (m) de crédito | hitelkártya | [hitɛlka:rcɒ] |
| dinheiro (m) vivo | készpénz | [ke:spe:nz] |
| cheque (m) | csekk | [ʧɛkk] |
| passar um cheque | kiállít egy csekket | [kia:lli:t ɛɟ: ʧɛkkɛt] |
| livro (m) de cheques | csekkkönyv | [ʧɛkkkøɲv] |

| carteira (f) | pénztárca | [pe:nsta:rtsɒ] |
| porta-moedas (m) | pénztárca | [pe:nsta:rtsɒ] |
| cofre (m) | páncélszekrény | [pa:ntse:lsɛkre:ɲ] |

| herdeiro (m) | örökös | [ørøkøʃ] |
| herança (f) | örökség | [ørøkʃe:g] |
| fortuna (riqueza) | vagyon | [vɒɟøn] |

| arrendamento (m) | bérlet | [be:rlɛt] |
| renda (f) de casa | lakbér | [lɒkbe:r] |
| alugar (vt) | bérel | [be:rɛl] |

| preço (m) | ár | [a:r] |
| custo (m) | költség | [kølʧe:g] |
| soma (f) | összeg | [øssɛg] |

| gastar (vt) | költ | [kølt] |
| gastos (m pl) | kiadások | [kiɒda:ʃok] |

| economizar (vi) | takarékoskodik | [tɒkɒreːkoʃkodik] |
| económico | takarékos | [tɒkɒreːkoʃ] |

| pagar (vt) | fizet | [fizɛt] |
| pagamento (m) | fizetés | [fizɛteːʃ] |
| troco (m) | visszajáró pénz | [vissɒjaːroː peːnz] |

| imposto (m) | adó | [ɒdoː] |
| multa (f) | büntetés | [byntɛteːʃ] |
| multar (vt) | büntet | [byntɛt] |

## 60. Correios. Serviço postal

| correios (m pl) | posta | [poʃtɒ] |
| correio (m) | posta | [poʃtɒ] |
| carteiro (m) | postás | [poʃtaːʃ] |
| horário (m) | nyitvatartási idő | [ɲitvɒtɒrtaːʃi idøː] |

| carta (f) | levél | [lɛveːl] |
| carta (f) registada | ajánlott levél | [ɒjaːnlott lɛveːl] |
| postal (m) | képeslap | [keːpɛʃlɒp] |
| telegrama (m) | távirat | [taːvirɒt] |
| encomenda (f) postal | csomag | [ʧomɒg] |
| remessa (f) de dinheiro | pénzátutalás | [peːnzaːtutɒlaːʃ] |

| receber (vt) | kap | [kɒp] |
| enviar (vt) | felad | [fɛlɒd] |
| envio (m) | feladás | [fɛlɒdaːʃ] |

| endereço (m) | cím | [tsiːm] |
| código (m) postal | irányítószám | [iraːɲiːtoːsaːm] |
| remetente (m) | feladó | [fɛlɒdoː] |
| destinatário (m) | címzett | [tsiːmzɛtt] |

| nome (m) | név | [neːv] |
| apelido (m) | vezetéknév | [vɛzɛteːk neːv] |

| tarifa (f) | tarifa | [tarifa] |
| ordinário | normál | [normaːl] |
| económico | kedvezményes | [kɛdvɛzmeːɲɛʃ] |

| peso (m) | súly | [ʃuːj] |
| pesar (estabelecer o peso) | megmér | [mɛgmeːr] |
| envelope (m) | boríték | [boriːteːk] |
| selo (m) | márka | [maːrkɒ] |

# Moradia. Casa. Lar

## 61. Casa. Eletricidade

| | | |
|---|---|---|
| eletricidade (f) | villany | [villɒɲ] |
| lâmpada (f) | körte | [kørtɛ] |
| interruptor (m) | bekapcsoló | [bɛkɒptʃolo:] |
| fusível (m) | biztosíték | [bistoʃi:te:k] |
| fio, cabo (m) | vezeték | [vɛzɛte:k] |
| instalação (f) elétrica | vezetés | [vɛzɛte:ʃ] |
| contador (m) de eletricidade | villanyóra | [villɒɲ o:rɒ] |
| indicação (f), registo (m) | állás | [a:lla:ʃ] |

## 62. Moradia. Mansão

| | | |
|---|---|---|
| casa (f) de campo | hétvégi ház | [he:tve:gi ha:z] |
| vila (f) | villa | [villɒ] |
| ala (~ do edifício) | szárny | [sa:rɲ] |
| jardim (m) | kert | [kɛrt] |
| parque (m) | park | [pɒrk] |
| estufa (f) | melegház | [mɛlɛkha:z] |
| cuidar de ... | ápol | [a:pol] |
| piscina (f) | medence | [mɛdɛntsɛ] |
| ginásio (m) | tornacsarnok | [tornɒtʃɒrnok] |
| campo (m) de ténis | teniszpálya | [tɛnispa:jɒ] |
| cinema (m) | házimozi | [ha:zimozi] |
| garagem (f) | garázs | [gɒra:ʒ] |
| propriedade (f) privada | magánterület | [mɒga:n tɛrylɛt] |
| terreno (m) privado | magánterület | [mɒga:n tɛrylɛt] |
| advertência (f) | figyelmeztetés | [fiɟɛlmɛztɛte:ʃ] |
| sinal (m) de aviso | figyelmeztető felirat | [fiɟɛlmɛztɛtø: fɛlirɒt] |
| guarda (f) | őrség | [ø:rʃe:g] |
| guarda (m) | biztonsági őr | [bistonʃa:gi ø:r] |
| alarme (m) | riasztó | [riɒsto:] |

## 63. Apartamento

| | | |
|---|---|---|
| apartamento (m) | lakás | [lɒka:ʃ] |
| quarto (m) | szoba | [sobɒ] |
| quarto (m) de dormir | hálószoba | [ha:lo:sobɒ] |

| sala (f) de jantar | ebédlő | [ɛbe:dlø:] |
| sala (f) de estar | nappali | [nɒppɒli] |
| escritório (m) | dolgozószoba | [dolgozo:sobɒ] |

| antessala (f) | előszoba | [ɛlø:sobɒ] |
| quarto (m) de banho | fürdőszoba | [fyrdø:sobɒ] |
| toilette (lavabo) | vécé | [ve:tse:] |

| teto (m) | mennyezet | [mɛɲɲɛzɛt] |
| chão, soalho (m) | padló | [pɒdlo:] |
| canto (m) | sarok | [ʃɒrok] |

## 64. Mobiliário. Interior

| mobiliário (m) | bútor | [bu:tor] |
| mesa (f) | asztal | [ɒstɒl] |
| cadeira (f) | szék | [se:k] |
| cama (f) | ágy | [a:ɟ] |

| divã (m) | dívány | [di:va:ɲ] |
| cadeirão (m) | fotel | [fotɛl] |

| estante (f) | könyvszekrény | [køɲvsɛkre:ɲ] |
| prateleira (f) | könyvpolc | [køɲvpolts] |

| guarda-vestidos (m) | ruhaszekrény | [ruhɒ sɛkre:ɲ] |
| cabide (m) de parede | ruhatartó | [ruhɒtɒrto:] |
| cabide (m) de pé | fogas | [fogɒʃ] |

| cómoda (f) | komód | [komo:d] |
| mesinha (f) de centro | dohányzóasztal | [doha:ɲzo:ɒstɒl] |

| espelho (m) | tükör | [tykør] |
| tapete (m) | szőnyeg | [sø:nɛg] |
| tapete (m) pequeno | kis szőnyeg | [kiʃ sø:nɛg] |

| lareira (f) | kandalló | [kɒndɒllo:] |
| vela (f) | gyertya | [ɟɛrcɒ] |
| castiçal (m) | gyertyatartó | [ɟɛrcɒtɒrto:] |

| cortinas (f pl) | függöny | [fyggøɲ] |
| papel (m) de parede | tapéta | [tɒpe:tɒ] |
| estores (f pl) | redőny | [rɛdø:ɲ] |

| candeeiro (m) de mesa | asztali lámpa | [ɒstɒli la:mpɒ] |
| candeeiro (m) de parede | lámpa | [la:mpɒ] |

| candeeiro (m) de pé | állólámpa | [a:llo:la:mpɒ] |
| lustre (m) | csillár | [tʃilla:r] |

| pé (de mesa, etc.) | láb | [la:b] |
| braço (m) | kartámla | [kɒrta:mlɒ] |
| costas (f pl) | támla | [ta:mlɒ] |
| gaveta (f) | fiók | [fio:k] |

## 65. Quarto de dormir

| | | |
|---|---|---|
| roupa (f) de cama | ágynemű | [aːɟnɛmyː] |
| almofada (f) | párna | [paːrnɒ] |
| fronha (f) | párnahuzat | [paːrnɒhuzɒt] |
| cobertor (m) | takaró | [tɒkɒroː] |
| lençol (m) | lepedő | [lɛpɛdøː] |
| colcha (f) | takaró | [tɒkɒroː] |

## 66. Cozinha

| | | |
|---|---|---|
| cozinha (f) | konyha | [koɲhɒ] |
| gás (m) | gáz | [gaːz] |
| fogão (m) a gás | gáztűzhely | [gaːztyːzhɛj] |
| fogão (m) elétrico | elektromos tűzhely | [ɛlɛktromoʃ tyːshɛj] |
| forno (m) | sütő | [ʃytøː] |
| forno (m) de micro-ondas | mikrohullámú sütő | [mikrohullaːmu: ʃytøː] |
| frigorífico (m) | hűtőszekrény | [hyːtøːsɛkreːɲ] |
| congelador (m) | fagyasztóláda | [fɒɟɒstoːlaːdɒ] |
| máquina (f) de lavar louça | mosogatógép | [moʃogɒtoːgeːp] |
| moedor (m) de carne | húsdaráló | [huːʃdɒraːloː] |
| espremedor (m) | gyümölcscentrifuga | [ɟymølʧ tsɛntrifugɒ] |
| torradeira (f) | kenyérpirító | [kɛneːrpiriːtoː] |
| batedeira (f) | turmixgép | [turmiksgeːp] |
| máquina (f) de café | kávéfőző | [kaːveːføːzøː] |
| cafeteira (f) | kávéskanna | [kaːveːʃkɒnnɒ] |
| moinho (m) de café | kávéőrlő | [kaːveːøːrløː] |
| chaleira (f) | kanna | [kɒnnɒ] |
| bule (m) | teáskanna | [tɛaːʃkɒnnɒ] |
| tampa (f) | fedél | [fɛdeːl] |
| coador (m) de chá | szűrő | [syːrøː] |
| colher (f) | kanál | [kɒnaːl] |
| colher (f) de chá | teáskanál | [tɛaːʃkɒnaːl] |
| colher (f) de sopa | evőkanál | [ɛvøːkɒnaːl] |
| garfo (m) | villa | [villɒ] |
| faca (f) | kés | [keːʃ] |
| louça (f) | edény | [ɛdeːɲ] |
| prato (m) | tányér | [taːneːr] |
| pires (m) | csészealj | [ʧeːsɛɒj] |
| cálice (m) | kupica | [kupitsɒ] |
| copo (m) | pohár | [pohaːr] |
| chávena (f) | csésze | [ʧeːsɛ] |
| açucareiro (m) | cukortartó | [tsukortɒrtoː] |
| saleiro (m) | sótartó | [ʃoːtɒrtoː] |
| pimenteiro (m) | borstartó | [borʃtɒrtoː] |

| | | |
|---|---|---|
| manteigueira (f) | vajtartó | [vɒj tɒrtoː] |
| panela, caçarola (f) | lábas | [laːbɒʃ] |
| frigideira (f) | serpenyő | [ʃɛrpɛɲøː] |
| concha (f) | merőkanál | [mɛrøːkɒnaːl] |
| passador (m) | tésztaszűrő | [teːstɒsyːrøː] |
| bandeja (f) | tálca | [taːltsɒ] |
| | | |
| garrafa (f) | palack, üveg | [pɒlɒsk], [yvɛg] |
| boião (m) de vidro | befőttes üveg | [bɛføːtɛs yvɛg] |
| lata (f) | bádogdoboz | [baːdogdoboz] |
| | | |
| abre-garrafas (m) | üvegnyitó | [yvɛg ɲitoː] |
| abre-latas (m) | konzervnyitó | [kɔnzɛrv ɲitoː] |
| saca-rolhas (m) | dugóhúzó | [dugoːhuːzoː] |
| filtro (m) | filter | [filtɛr] |
| filtrar (vt) | szűr | [syːr] |
| | | |
| lixo (m) | szemét | [sɛmeːt] |
| balde (m) do lixo | kuka | [kukɒ] |

## 67. Casa de banho

| | | |
|---|---|---|
| quarto (m) de banho | fürdőszoba | [fyrdøːsobɒ] |
| água (f) | víz | [viːz] |
| torneira (f) | csap | [tʃɒp] |
| água (f) quente | meleg víz | [mɛlɛg viːz] |
| água (f) fria | hideg víz | [hidɛg viːz] |
| | | |
| pasta (f) de dentes | fogkrém | [fogkreːm] |
| escovar os dentes | fogat mos | [fogɒt mɔʃ] |
| | | |
| barbear-se (vr) | borotválkozik | [borotvaːlkozik] |
| espuma (f) de barbear | borotvahab | [borotvɒhɒb] |
| máquina (f) de barbear | borotva | [borotvɒ] |
| | | |
| lavar (vt) | mos | [mɔʃ] |
| lavar-se (vr) | mosakodik | [moʃɒkodik] |
| duche (m) | zuhany | [zuhɒɲ] |
| tomar um duche | zuhanyozik | [zuhɒɲozik] |
| | | |
| banheira (f) | fürdőkád | [fyrdøːkaːd] |
| sanita (f) | vécékagyló | [veːtse: kɒɟloː] |
| lavatório (m) | mosdókagyló | [moʒdoːkɒɟloː] |
| | | |
| sabonete (m) | szappan | [sɒppɒn] |
| saboneteira (f) | szappantartó | [sɒppɒntɒrtoː] |
| | | |
| esponja (f) | szivacs | [sivɒtʃ] |
| champô (m) | sampon | [ʃompon] |
| toalha (f) | törülköző | [tørylkøzøː] |
| roupão (m) de banho | köntös | [køntøʃ] |
| | | |
| lavagem (f) | mosás | [moʃaːʃ] |
| máquina (f) de lavar | mosógép | [moʃoːgeːp] |

| lavar a roupa | ruhát mos | [ruha:t moʃ] |
| detergente (m) | mosópor | [moʃo:por] |

## 68. Eletrodomésticos

| televisor (m) | televízió | [tɛlɛvi:zio:] |
| gravador (m) | magnó | [mɒgno:] |
| videogravador (m) | videomagnó | [vidɛomɒgno:] |
| rádio (m) | vevőkészülék | [vɛvø:ke:syle:k] |
| leitor (m) | sétálómagnó | [ʃe:ta:lo: mɒgno:] |

| projetor (m) | videovetítő | [vidɛovɛti:tø:] |
| cinema (m) em casa | házimozi | [ha:zimozi] |
| leitor (m) de DVD | DVDlejátszó | [dɛvɛdɛlɛja:tso:] |
| amplificador (m) | erősítő | [ɛrø:ʃi:tø:] |
| console (f) de jogos | videojáték | [vidɛoja:te:k] |

| câmara (f) de vídeo | videokamera | [vidɛokɒmɛrɒ] |
| máquina (f) fotográfica | fényképezőgép | [fe:ɲke:pɛzø:ge:p] |
| câmara (f) digital | digitális fényképezőgép | [digita:liʃ fe:ɲke:pɛzø:ge:p] |

| aspirador (m) | porszívó | [porsi:vo:] |
| ferro (m) de engomar | vasaló | [vɒʃɒlo:] |
| tábua (f) de engomar | vasalódeszka | [vɒʃɒlo:dɛskɒ] |

| telefone (m) | telefon | [tɛlɛfon] |
| telemóvel (m) | mobiltelefon | [mobiltɛlɛfon] |
| máquina (f) de escrever | írógép | [i:ro:ge:p] |
| máquina (f) de costura | varrógép | [vɒrro:ge:p] |

| microfone (m) | mikrofon | [mikrofon] |
| auscultadores (m pl) | fejhallgató | [fɛlhɒllgɒto:] |
| controlo remoto (m) | távkapcsoló | [ta:v kɒptʃolo:] |

| CD (m) | CDlemez | [tsɛdɛlɛmɛz] |
| cassete (f) | kazetta | [kɒzɛtto] |
| disco (m) de vinil | lemez | [lɛmɛz] |

# ATIVIDADES HUMANAS

## Emprego. Negócios. Parte 1

### 69. Escritório. O trabalho no escritório

| | | |
|---|---|---|
| escritório (~ de advogados) | iroda | [irodɒ] |
| escritório (do diretor, etc.) | iroda | [irodɒ] |
| receção (f) | recepció | [rɛtsɛptsio:] |
| secretário (m) | titkár | [titka:r] |
| | | |
| diretor (m) | igazgató | [igɒzgɒto:] |
| gerente (m) | menedzser | [mɛnɛdʒɛr] |
| contabilista (m) | könyvelő | [køɲvɛlø:] |
| empregado (m) | munkatárs | [muŋkɒta:rʃ] |
| | | |
| mobiliário (m) | bútor | [bu:tor] |
| mesa (f) | asztal | [ɒstɒl] |
| cadeira (f) | munkaszék | [muŋkɒse:k] |
| bloco (m) de gavetas | fiókos elem | [fjo:kos ɛlɛm] |
| cabide (m) de pé | fogas | [fogɒʃ] |
| | | |
| computador (m) | számítógép | [sa:mi:to:ge:p] |
| impressora (f) | nyomtató | [ɲomtɒto:] |
| fax (m) | fax | [fɒks] |
| fotocopiadora (f) | másoló | [ma:ʃolo:] |
| | | |
| papel (m) | papír | [pɒpi:r] |
| artigos (m pl) de escritório | irodaszerek | [irodɒsɛrɛk] |
| tapete (m) de rato | egérpad | [ɛge:rpɒd] |
| folha (f) de papel | lap | [lɒp] |
| pasta (f) | irattartó | [irɒttɒrto:] |
| | | |
| catálogo (m) | katalógus | [kɒtɒlo:guʃ] |
| diretório (f) telefónico | címkönyv | [tsi:mkøɲv] |
| documentação (f) | dokumentáció | [dokumɛnta:tsjo:] |
| brochura (f) | brosúra | [broʃu:rɒ] |
| flyer (m) | röplap | [røplɒp] |
| amostra (f) | mintadarab | [mintɒdɒrɒb] |
| | | |
| formação (f) | tréning | [tre:niŋg] |
| reunião (f) | értekezlet | [e:rtɛkɛzlɛt] |
| hora (f) de almoço | ebédszünet | [ɛbe:dsynɛt] |
| | | |
| fazer uma cópia | lemásol | [lɛma:ʃol] |
| tirar cópias | sokszoroz | [ʃoksoroz] |
| receber um fax | faxot kap | [fɒksot kɒp] |
| enviar um fax | faxot küld | [fɒksot kyld] |
| fazer uma chamada | felhív | [fɛlhi:v] |

| responder (vt) | válaszol | [vaːlɒsol] |
| passar (vt) | összekapcsol | [øssɛkɒptʃol] |

| marcar (vt) | megszervez | [mɛksɛrvɛz] |
| demonstrar (vt) | bemutat | [bɛmutɒt] |
| estar ausente | hiányzik | [hiaːɲzik] |
| ausência (f) | távolmaradás | [taːvolmɒrɒdaːʃ] |

## 70. Processos negociais. Parte 1

| ocupação (f) | üzlet | [yzlɛt] |
| firma, empresa (f) | cég | [tseːg] |
| companhia (f) | társaság | [taːrʃɒʃaːg] |
| corporação (f) | vállalat | [vaːllɒlɒt] |
| empresa (f) | vállalat | [vaːllɒlɒt] |
| agência (f) | ügynökség | [yɟnøkʃeːg] |

| acordo (documento) | egyezmény | [ɛɟːɛzmeːɲ] |
| contrato (m) | szerződés | [sɛrzøːdeːʃ] |
| acordo (transação) | ügylet | [yɟlɛt] |
| encomenda (f) | megrendelés | [mɛgrɛndɛleːʃ] |
| cláusulas (f pl), termos (m pl) | feltétel | [fɛlteːtɛl] |

| por grosso (adv) | nagyban | [nɒjbɒn] |
| por grosso (adj) | nagykereskedelmi | [nɒckɛrɛʃkɛdɛlmi] |
| venda (f) por grosso | nagykereskedelem | [nɒckɛrɛʃkɛdɛlɛm] |
| a retalho | kiskereskedelmi | [kiʃkɛrɛʃkɛdɛlmi] |
| venda (f) a retalho | kiskereskedelem | [kiʃkɛrɛʃkɛdɛlɛm] |

| concorrente (m) | versenytárs | [vɛrʃɛɲtaːrʃ] |
| concorrência (f) | verseny | [vɛrʃɛɲ] |
| competir (vi) | versenyez | [vɛrʃɛnɛz] |

| sócio (m) | társ | [taːrʃ] |
| parceria (f) | partnerség | [pɒrtnɛrʃeːg] |

| crise (f) | válság | [vaːlʃaːg] |
| bancarrota (f) | csőd | [tʃøːd] |
| entrar em falência | tönkremegy | [tøɲkrɛmɛɟ] |
| dificuldade (f) | nehézség | [nɛheːzʃeːg] |
| problema (m) | probléma | [probleːmɒ] |
| catástrofe (f) | katasztrófa | [kɒtɒstroːfɒ] |

| economia (f) | gazdaság | [gɒzdɒʃaːg] |
| económico | gazdasági | [gɒzdɒʃaːgi] |
| recessão (f) económica | gazdasági hanyatlás | [gɒzdɒʃaːgi hɒɲɒtlaːʃ] |

| objetivo (m) | cél | [tseːl] |
| tarefa (f) | feladat | [fɛlɒdɒt] |

| comerciar (vi, vt) | kereskedik | [kɛrɛʃkɛdik] |
| rede (de distribuição) | háló | [haːloː] |
| estoque (m) | raktár | [rɒktaːr] |
| sortimento (m) | választék | [vaːlɒsteːk] |

| líder (m) | vezető | [vɛzɛtø:] |
| grande (~ empresa) | nagy | [nɒɟ] |
| monopólio (m) | monopólium | [monopo:lium] |

| teoria (f) | elmélet | [ɛlme:lɛt] |
| prática (f) | gyakorlat | [ɟokorlɒt] |
| experiência (falar por ~) | tapasztalat | [tɒpɒstɒlɒt] |
| tendência (f) | tendencia | [tɛndɛntsiɒ] |
| desenvolvimento (m) | fejlődés | [fɛjlø:de:ʃ] |

## 71. Processos negociais. Parte 2

| rentabilidade (f) | előny | [ɛlø:ɲ] |
| rentável | előnyös | [ɛlø:nøʃ] |

| delegação (f) | küldöttség | [kyldøttʃe:g] |
| salário, ordenado (m) | fizetés | [fizɛte:ʃ] |
| corrigir (um erro) | javít | [jɒvi:t] |
| viagem (f) de negócios | szolgálati utazás | [solga:lɒti utɒza:ʃ] |
| comissão (f) | bizottság | [bizottʃa:g] |

| controlar (vt) | ellenőriz | [ɛllɛnø:riz] |
| conferência (f) | konferencia | [konfɛrɛntsiɒ] |
| licença (f) | licencia | [litsɛntsiɒ] |
| confiável | megbízható | [mɛgbi:shɒto:] |

| empreendimento (m) | kezdeményezés | [kɛzdɛme:nɛze:ʃ] |
| norma (f) | szabvány | [sɒbva:ɲ] |
| circunstância (f) | körülmény | [kørylme:ɲ] |
| dever (m) | kötelesség | [køtɛlɛʃe:g] |

| empresa (f) | szervezet | [sɛrvɛzɛt] |
| organização (f) | szervezet | [sɛrvɛzɛt] |
| organizado | szervezett | [sɛrvɛzɛtt] |
| anulação (f) | törlés | [tørle:ʃ] |
| anular, cancelar (vt) | eltöröl | [ɛltørøl] |
| relatório (m) | beszámoló | [bɛsa:molo:] |

| patente (f) | szabadalom | [sɒbɒdɒlom] |
| patentear (vt) | szabadalmaztat | [sɒbɒdɒlmɒztɒt] |
| planear (vt) | tervez | [tɛrvɛz] |

| prémio (m) | prémium | [pre:mjum] |
| profissional | szakmai | [sɒkmɒi] |
| procedimento (m) | eljárás | [ɛlja:ra:ʃ] |

| examinar (a questão) | vizsgál | [viʒga:l] |
| cálculo (m) | számítás | [sa:mi:ta:ʃ] |
| reputação (f) | hírnév | [hi:rne:v] |
| risco (m) | kockázat | [kotska:zɒt] |

| dirigir (~ uma empresa) | irányít | [ira:ni:t] |
| informação (f) | tudnivalók | [tudnivɒlo:k] |
| propriedade (f) | tulajdon | [tulɒjdon] |

| união (f) | szövetség | [søvɛtʃeːg] |
| seguro (m) de vida | életbiztosítás | [eːlɛt bistoʃiːtaːʃ] |
| fazer um seguro | biztosít | [bistoʃiːt] |
| seguro (m) | biztosíték | [bistoʃiːteːk] |

| leilão (m) | árverés | [aːrvɛreːʃ] |
| notificar (vt) | értesít | [eːrtɛʃiːt] |
| gestão (f) | igazgatás | [igɒzgɒtaːʃ] |
| serviço (indústria de ~s) | szolgálat | [solgaːlɒt] |

| fórum (m) | fórum | [foːrum] |
| funcionar (vi) | működik | [myːkødik] |
| estágio (m) | szakasz | [sɒkɒs] |
| jurídico | jogi | [jogi] |
| jurista (m) | jogász | [jogaːs] |

## 72. Produção. Trabalhos

| usina (f) | gyár | [ɟaːr] |
| fábrica (f) | üzem | [yzɛm] |
| oficina (f) | műhely | [myːhɛj] |
| local (m) de produção | üzem | [yzɛm] |

| indústria (f) | ipar | [ipɒr] |
| industrial | ipari | [ipɒri] |
| indústria (f) pesada | nehézipar | [nɛheːzipɒr] |
| indústria (f) ligeira | könnyűipar | [kønɲyːipɒr] |

| produção (f) | termék | [tɛrmeːk] |
| produzir (vt) | termel | [tɛrmɛl] |
| matérias-primas (f pl) | nyersanyag | [ɲɛrʃɒɲɒg] |

| chefe (m) de brigada | előmunkás | [ɛløːmuŋkaːʃ] |
| brigada (f) | brigád | [brigaːd] |
| operário (m) | munkás | [muŋkaːʃ] |

| dia (m) de trabalho | munkanap | [muŋkɒnɒp] |
| pausa (f) | szünet | [synɛt] |
| reunião (f) | gyűlés | [ɟyːleːʃ] |
| discutir (vt) | megbeszél | [mɛgbɛseːl] |

| plano (m) | terv | [tɛrv] |
| cumprir o plano | tervet teljesít | [tɛrvɛt tɛjɛʃiːt] |
| taxa (f) de produção | norma | [normɒ] |
| qualidade (f) | minőség | [minøːʃeːg] |
| controlo (m) | ellenőrzés | [ɛllɛnøːrzeːʃ] |
| controlo (m) da qualidade | minőség ellenőrzése | [minøːʃeːg ɛllɛnøːrzeːʃɛ] |

| segurança (f) no trabalho | munkabiztonság | [muŋkɒbistonʃaːg] |
| disciplina (f) | fegyelem | [fɛɟɛlɛm] |
| infração (f) | megsértés | [mɛgʃeːrteːʃ] |
| violar (as regras) | megsért | [mɛgʃeːrt] |
| greve (f) | sztrájk | [straːjk] |
| grevista (m) | sztrájkoló | [straːjkoloː] |

| | | |
|---|---|---|
| estar em greve | sztrájkol | [straːjkol] |
| sindicato (m) | szakszervezet | [sɒksɛrvɛzɛt] |
| | | |
| inventar (vt) | feltalál | [fɛltɒlaːl] |
| invenção (f) | feltalálás | [fɛltɒlaːlaːʃ] |
| pesquisa (f) | kutatás | [kutɒtaːʃ] |
| melhorar (vt) | megjavít | [mɛɡjɒviːt] |
| tecnologia (f) | technológia | [tɛhnoloːɡiɒ] |
| desenho (m) técnico | tervrajz | [tɛrvrɒjz] |
| | | |
| carga (f) | teher | [tɛhɛr] |
| carregador (m) | rakodómunkás | [rɒkodoːmuŋkaːʃ] |
| carregar (vt) | megrak | [mɛɡrɒk] |
| carregamento (m) | berakás | [bɛrɒkaːʃ] |
| descarregar (vt) | kirak | [kirɒk] |
| descarga (f) | kirakás | [kirɒkaːʃ] |
| | | |
| transporte (m) | közlekedés | [køzlɛkɛdeːʃ] |
| companhia (f) de transporte | szállítócég | [saːlliːtoːtseːɡ] |
| transportar (vt) | szállít | [saːlliːt] |
| | | |
| vagão (m) de carga | tehervagon | [tɛhɛrvɒɡon] |
| cisterna (f) | ciszterna | [tsistɛrnɒ] |
| camião (m) | kamion | [kɒmion] |
| | | |
| máquina-ferramenta (f) | szerszámgép | [sɛrsaːmɡeːp] |
| mecanismo (m) | szerkezet | [sɛrkɛzɛt] |
| | | |
| resíduos (m pl) industriais | hulladék | [hullɒdeːk] |
| embalagem (f) | csomagolás | [tʃomɒɡolaːʃ] |
| embalar (vt) | csomagol | [tʃomɒɡol] |

## 73. Contrato. Acordo

| | | |
|---|---|---|
| contrato (m) | szerződés | [sɛrzøːdeːʃ] |
| acordo (m) | megállapodás | [mɛɡaːllɒpodaːʃ] |
| adenda (f), anexo (m) | melléklet | [mɛlleːklɛt] |
| | | |
| assinar o contrato | szerződést köt | [sɛrzøːdeːʃt køt] |
| assinatura (f) | aláírás | [ɒlaːiːraːʃ] |
| assinar (vt) | aláír | [ɒlaːiːr] |
| carimbo (m) | pecsét | [pɛtʃeːt] |
| | | |
| objeto (m) do contrato | szerződés tárgya | [sɛrzøːdeːʃ taːrjɒ] |
| cláusula (f) | tétel | [teːtɛl] |
| partes (f pl) | felek | [fɛlɛk] |
| morada (f) jurídica | bejegyzett cím | [bɛjɛɟɛzɛtt tsiːm] |
| | | |
| violar o contrato | szerződést szeg | [sɛrzøːdeːʃt sɛɡ] |
| obrigação (f) | kötelezettség | [køtɛlɛzɛttʃeːɡ] |
| responsabilidade (f) | felelősség | [fɛlɛløːʃeːɡ] |
| força (f) maior | vis maior | [vis mɒjor] |
| litígio (m), disputa (f) | vita | [vitɒ] |
| multas (f pl) | büntető szankciók | [byntɛtøː sɒŋktsioːk] |

## 74. Importação & Exportação

| | | |
|---|---|---|
| importação (f) | import | [import] |
| importador (m) | importőr | [importø:r] |
| importar (vt) | importál | [importa:l] |
| de importação | import | [import] |
| | | |
| exportador (m) | exportőr | [ɛskportø:r] |
| exportar (vt) | exportál | [ɛksporta:l] |
| | | |
| mercadoria (f) | áru | [a:ru] |
| lote (de mercadorias) | szállítmány | [sa:lli:tma:ɲ] |
| | | |
| peso (m) | súly | [ʃu:j] |
| volume (m) | űrtartalom | [y:rtɒrtɒlom] |
| metro (m) cúbico | köbméter | [købme:tɛr] |
| | | |
| produtor (m) | gyártó | [ɟa:rto:] |
| companhia (f) de transporte | szállítócég | [sa:lli:to:tse:g] |
| contentor (m) | konténer | [konte:nɛr] |
| | | |
| fronteira (f) | határ | [hɒta:r] |
| alfândega (f) | vám | [va:m] |
| taxa (f) alfandegária | vám | [va:m] |
| funcionário (m) da alfândega | vámos | [va:moʃ] |
| contrabando (atividade) | csempészés | [tʃɛmpe:se:ʃ] |
| contrabando (produtos) | csempészáru | [tʃɛmpe:sa:ru] |

## 75. Finanças

| | | |
|---|---|---|
| ação (f) | részvény | [re:sve:ɲ] |
| obrigação (f) | adóslevél | [ɒdo:ʃlɛve:l] |
| nota (f) promissória | váltó | [va:lto:] |
| | | |
| bolsa (f) | tőzsde | [tø:ʒdɛ] |
| cotação (m) das ações | tőzsdei árfolyam | [tø:ʒdɛi a:rfojɒm] |
| | | |
| tornar-se mais barato | olcsóbb lesz | [oltʃo:bb lɛs] |
| tornar-se mais caro | drágul | [dra:gul] |
| | | |
| participação (f) maioritária | többségi részesedést | [tøpʃe:gi re:sɛʃɛdɛ:ʃt] |
| investimento (m) | beruházás | [bɛruha:za:ʃ] |
| investir (vt) | beruház | [bɛruha:z] |
| percentagem (f) | százalék | [sa:zɒlɛ:k] |
| juros (m pl) | kamat | [kɒmɒt] |
| | | |
| lucro (m) | nyereség | [ɲɛrɛʃe:g] |
| lucrativo | hasznot hozó | [hɒsnot hozo:] |
| imposto (m) | adó | [ɒdo:] |
| | | |
| divisa (f) | valuta | [vɒlutɒ] |
| nacional | nemzeti | [nɛmzɛti] |
| câmbio (m) | váltás | [va:lta:ʃ] |

| | | |
|---|---|---|
| contabilista (m) | könyvelő | [køɲvɛløː] |
| contabilidade (f) | könyvelés | [køɲvɛleːʃ] |
| | | |
| bancarrota (f) | csőd | [tʃøːd] |
| falência (f) | csőd | [tʃøːd] |
| ruína (f) | tönkremenés | [tøŋkrɛmɛneːʃ] |
| arruinar-se (vr) | tönkremegy | [tøŋkrɛmɛɟ] |
| inflação (f) | infláció | [inflaːtsioː] |
| desvalorização (f) | értékcsökkentés | [eːrteːktʃøkkɛnteːʃ] |
| | | |
| capital (m) | tőke | [tøːkɛ] |
| rendimento (m) | bevétel | [bɛveːtɛl] |
| volume (m) de negócios | forgalom | [forgɒlom] |
| recursos (m pl) | tartalékok | [tɒrtɒleːkok] |
| recursos (m pl) financeiros | pénzeszközök | [peːns ɛskøzøk] |
| reduzir (vt) | csökkent | [tʃøkkɛnt] |

## 76. Marketing

| | | |
|---|---|---|
| marketing (m) | marketing | [mɒrkɛtiŋg] |
| mercado (m) | piac | [piɒts] |
| segmento (m) do mercado | piacrész | [piɒtsreːs] |
| produto (m) | termék | [tɛrmeːk] |
| mercadoria (f) | áru | [aːru] |
| | | |
| marca (f) | márkanév | [maːrkɒneːv] |
| logotipo (m) | logó | [logoː] |
| logo (m) | logó | [logoː] |
| | | |
| demanda (f) | kereslet | [kɛrɛʃlɛt] |
| oferta (f) | kínálat | [kiːnaːlɒt] |
| necessidade (f) | igény | [igeːɲ] |
| consumidor (m) | fogyasztó | [foɟostoː] |
| | | |
| análise (f) | elemzés | [ɛlɛmzeːʃ] |
| analisar (vt) | elemez | [ɛlɛmɛz] |
| posicionamento (m) | pozicionálás | [pozitsionaːlaːʃ] |
| posicionar (vt) | pozicionál | [pozitsionaːl] |
| | | |
| preço (m) | ár | [aːr] |
| política (f) de preços | árpolitika | [aːrpolitikɒ] |
| formação (f) de preços | árképzés | [aːrkepːzeːʃ] |

## 77. Publicidade

| | | |
|---|---|---|
| publicidade (f) | reklám | [rɛklaːm] |
| publicitar (vt) | reklámoz | [rɛklaːmoz] |
| orçamento (m) | költségvetés | [køltʃeːgvɛteːʃ] |
| | | |
| anúncio (m) publicitário | reklám | [rɛklaːm] |
| publicidade (f) televisiva | tévéreklám | [teːveː rɛklaːm] |
| publicidade (f) na rádio | rádióreklám | [raːdioːrɛklaːm] |

| | | |
|---|---|---|
| publicidade (f) exterior | külső reklám | [kylʃø: rɛklaːm] |
| comunicação (f) de massa | tömegtájékoztatási eszközök | [tømɛgtaːjeːkoztɒtaːʃi ɛskøzøk] |
| periódico (m) | folyóirat | [fojoːjrɒt] |
| imagem (f) | imázs | [imaːʒ] |
| | | |
| slogan (m) | jelszó | [jɛlsoː] |
| mote (m), divisa (f) | jelmondat | [jɛlmondɒt] |
| | | |
| campanha (f) | kampány | [kɒmpaːɲ] |
| companha (f) publicitária | reklámkampány | [rɛklaːm kɒmpaːɲ] |
| grupo (m) alvo | célcsoport | [tseːltʃoport] |
| | | |
| cartão (m) de visita | névjegy | [neːvjɛɟ] |
| flyer (m) | röplap | [røplɒp] |
| brochura (f) | brosúra | [broʃuːrɒ] |
| folheto (m) | brosúra | [broʃuːrɒ] |
| boletim (~ informativo) | közlöny | [køzløɲ] |
| | | |
| letreiro (m) | cégtábla | [tseːgtaːblɒ] |
| cartaz, póster (m) | plakát | [plɒkaːt] |
| painel (m) publicitário | hirdetőtábla | [hirdɛtøːtaːblɒ] |

## 78. Banca

| | | |
|---|---|---|
| banco (m) | bank | [bɒŋk] |
| sucursal, balcão (f) | fiók | [fioːk] |
| | | |
| consultor (m) | tanácsadó | [tɒnaːtʃɒdoː] |
| gerente (m) | vezető | [vɛzɛtøː] |
| | | |
| conta (f) | számla | [saːmlɒ] |
| número (m) da conta | számlaszám | [saːmlɒsaːm] |
| conta (f) corrente | folyószámla | [fojoːsaːmlɒ] |
| conta (f) poupança | megtakarítási számla | [mɛgtɒkɒritaːʃi saːmlɒ] |
| | | |
| abrir uma conta | számlát nyit | [saːmlaːt nit] |
| fechar uma conta | zárolja a számlát | [zaːrojɒ ɒ saːmlaːt] |
| depositar na conta | számlára tesz | [saːmlaːrɒ tɛs] |
| levantar (vt) | számláról lehív | [saːmlaːroːl lɛhiːv] |
| | | |
| depósito (m) | betét | [bɛteːt] |
| fazer um depósito | pénzt betesz | [peːnst bɛtɛs] |
| transferência (f) bancária | átutalás | [aːtutɒlaːʃ] |
| transferir (vt) | pénzt átutal | [peːnst aːtutɒl] |
| | | |
| soma (f) | összeg | [øssɛg] |
| Quanto? | Mennyi? | [mɛɲɲi] |
| | | |
| assinatura (f) | aláírás | [ɒlaːiːraːʃ] |
| assinar (vt) | aláír | [ɒlaːiːr] |
| | | |
| cartão (m) de crédito | hitelkártya | [hitɛlkaːrcɒ] |
| código (m) | kód | [koːd] |

| | | |
|---|---|---|
| número (m) do cartão de crédito | hitelkártya száma | [hitɛlka:rcɒ sa:mɒ] |
| Caixa Multibanco (m) | bankautomata | [bɒŋk ɒutomɒtɒ] |
| | | |
| cheque (m) | csekk | [tʃɛkk] |
| passar um cheque | kiállítja a csekket | [kia:lli:cɒ ɒ tʃɛkkɛt] |
| livro (m) de cheques | csekkkönyv | [tʃɛkkkøɲv] |
| | | |
| empréstimo (m) | hitel | [hitɛl] |
| pedir um empréstimo | hitelért fordul | [hitɛle:rt fordul] |
| obter um empréstimo | hitelt felvesz | [hitɛlt fɛlvɛs] |
| conceder um empréstimo | hitelt nyújt | [hitɛlt nju:jt] |
| garantia (f) | biztosíték | [bistoʃi:te:k] |

## 79. Telefone. Conversação telefónica

| | | |
|---|---|---|
| telefone (m) | telefon | [tɛlɛfon] |
| telemóvel (m) | mobiltelefon | [mobiltɛlɛfon] |
| secretária (f) electrónica | üzenetrögzítő | [yzɛnɛt røgzi:tø:] |
| | | |
| fazer uma chamada | felhív | [fɛlhi:v] |
| chamada (f) | felhívás | [fɛlhi:va:ʃ] |
| | | |
| marcar um número | telefonszámot tárcsáz | [tɛlɛfonsa:mot ta:rtʃa:z] |
| Alô! | Halló! | [hɒllo:] |
| perguntar (vt) | kérdez | [ke:rdɛz] |
| responder (vt) | válaszol | [va:lɒsol] |
| | | |
| ouvir (vt) | hall | [hɒll] |
| bem | jól | [jo:l] |
| mal | rosszul | [rossul] |
| ruído (m) | zavar | [zɒvɒr] |
| | | |
| auscultador (m) | kagyló | [kɒɟlo:] |
| pegar o telefone | kagylót felvesz | [kɒɟlo:t fɛlvɛs] |
| desligar (vi) | kagylót letesz | [kɒɟlo:t lɛtɛs] |
| | | |
| ocupado | foglalt | [foglɒlt] |
| tocar (vi) | csörög | [tʃørøg] |
| lista (f) telefónica | telefonkönyv | [tɛlɛfoŋkøɲv] |
| | | |
| local | helyi | [hɛji] |
| de longa distância | interurbán | [intɛrurba:n] |
| internacional | nemzetközi | [nɛmzɛtkøzi] |

## 80. Telefone móvel

| | | |
|---|---|---|
| telemóvel (m) | mobiltelefon | [mobiltɛlɛfon] |
| ecrã (m) | kijelző | [kijɛlzø:] |
| botão (m) | gomb | [gomb] |
| cartão SIM (m) | SIM kártya | [sim ka:rcɒ] |
| bateria (f) | akkumulátor | [ɒkkumula:tor] |

| descarregar-se | kisül | [kiʃyl] |
| carregador (m) | telefontöltő | [tɛlɛfon tøltø:] |

| menu (m) | menü | [mɛny] |
| definições (f pl) | beállítások | [bɛa:lli:ta:ʃok] |
| melodia (f) | dallam | [dɒllɒm] |
| escolher (vt) | választ | [va:lɒst] |

| calculadora (f) | kalkulátor | [kɒlkula:tor] |
| correio (m) de voz | üzenetrögzítő | [yzɛnɛt røgzi:tø:] |
| despertador (m) | ébresztőóra | [e:brɛstø:o:rɒ] |
| contatos (m pl) | telefonkönyv | [tɛlɛfoŋkøɲv] |

| mensagem (f) de texto | SMS | [ɛʃɛmɛʃ] |
| assinante (m) | előfizető | [ɛlø:fizɛtø:] |

## 81. Estacionário

| caneta (f) | golyóstoll | [gojo:ʃtoll] |
| caneta (f) tinteiro | töltőtoll | [tøltø:toll] |

| lápis (m) | ceruza | [tsɛruzɒ] |
| marcador (m) | filctoll | [filtstoll] |
| caneta (f) de feltro | filctoll | [filtstoll] |

| bloco (m) de notas | notesz | [notɛs] |
| agenda (f) | határidőnapló | [hɒta:ridø:nɒplo:] |

| régua (f) | vonalzó | [vonɒlzo:] |
| calculadora (f) | kalkulátor | [kɒlkula:tor] |
| borracha (f) | radír | [rɒdi:r] |
| pionés (m) | rajzszeg | [rɒjzsɛg] |
| clipe (m) | gémkapocs | [ge:mkɒpotʃ] |

| cola (f) | ragasztó | [rɒgɒsto:] |
| agrafador (m) | tűzőgép | [ty:zø:ge:p] |
| furador (m) | lyukasztó | [jukɒsto:] |
| afia-lápis (m) | ceruzahegyező | [tsɛruzɒhɛɟɛzø:] |

## 82. Tipos de negócios

| serviços (m pl) de contabilidade | könyvelési szolgáltatások | [køɲvɛlɛ:ʃi solga:ltɒta:ʃok] |
| publicidade (f) | reklám | [rɛkla:m] |
| agência (f) de publicidade | reklámiroda | [rɛkla:m irodɒ] |
| ar (m) condicionado | légkondicionálók | [le:gkonditsiona:lo:k] |
| companhia (f) aérea | légitársaság | [le:gi ta:rʃɒʃa:g] |

| bebidas (f pl) alcoólicas | szeszesitalok | [sɛsɛʃ itɒlok] |
| comércio (m) de antiguidades | régiségkereskedés | [re:giʃe:gkɛrɛʃkɛde:ʃ] |
| galeria (f) de arte | galéria | [gɒle:riɒ] |
| serviços (m pl) de auditoria | számlaellenőrzés | [sa:mlɒɛllɛnø:rze:ʃ] |

| | | |
|---|---|---|
| negócios (m pl) bancários | banküzlet | [bɒŋkyzlɛt] |
| bar (m) | bár | [ba:r] |
| salão (m) de beleza | szépségszalon | [se:pʃe:gsɒlon] |
| livraria (f) | könyvesbolt | [kønvɛʃbolt] |
| cervejaria (f) | sörfőzde | [ʃørfø:zdɛ] |
| centro (m) de escritórios | üzletközpont | [yzlɛtkøspont] |
| escola (f) de negócios | üzleti iskola | [yzlɛti iʃkolɒ] |

| | | |
|---|---|---|
| casino (m) | kaszinó | [kɒsino:] |
| construção (f) | építés | [e:pi:te:ʃ] |
| serviços (m pl) de consultoria | tanácsadás | [tɒna:tʃɒda:ʃ] |

| | | |
|---|---|---|
| estomatologia (f) | fogászat | [foga:sɒt] |
| design (m) | dizájn | [diza:jn] |
| farmácia (f) | gyógyszertár | [ɟø:ɟsɛrta:r] |
| lavandaria (f) | vegytisztítás | [vɛɟtisti:ta:ʃ] |
| agência (f) de emprego | munkaközvetítő | [muŋkɒkøzvɛti:tø:] |

| | | |
|---|---|---|
| serviços (m pl) financeiros | pénzügyi szolgáltatások | [pe:nzyɟi solga:ltɒta:ʃok] |
| alimentos (m pl) | élelmiszer | [e:lɛlmisɛr] |
| agência (f) funerária | temetkezési vállalat | [tɛmɛtkɛze:ʃi va:llɒlɒt] |
| mobiliário (m) | bútor | [bu:tor] |
| roupa (f) | ruha | [ruhɒ] |
| hotel (m) | szálloda | [sa:llodɒ] |

| | | |
|---|---|---|
| gelado (m) | fagylalt | [fɒɟlɒlt] |
| indústria (f) | ipar | [ipɒr] |
| seguro (m) | biztosítás | [biztoʃi:ta:ʃ] |
| internet (f) | internet | [intɛrnɛt] |
| investimento (m) | beruházás | [bɛruha:za:ʃ] |

| | | |
|---|---|---|
| joalheiro (m) | ékszerész | [e:ksɛre:s] |
| joias (f pl) | ékszerek | [e:ksɛrɛk] |
| lavandaria (f) | mosoda | [moʃodɒ] |
| serviços (m pl) jurídicos | jogi tanácsadás | [jogi tɒna:tʃɒda:ʃ] |
| indústria (f) ligeira | könnyűipar | [køɲɲy:ipɒr] |

| | | |
|---|---|---|
| revista (f) | folyóirat | [fojo:jrɒt] |
| vendas (f pl) por catálogo | csomagküldőkereskedelem | [tʃomɒgkyldø:kɛrɛʃkɛdɛlɛm] |
| medicina (f) | orvostudomány | [orvoʃtudoma:ɲ] |
| cinema (m) | mozi | [mozi] |
| museu (m) | múzeum | [mu:zɛum] |

| | | |
|---|---|---|
| agência (f) de notícias | tájékoztató iroda | [ta:je:koztɒto: irodɒ] |
| jornal (m) | újság | [u:jʃa:g] |
| clube (m) noturno | éjjeli klub | [e:jjɛli klub] |

| | | |
|---|---|---|
| petróleo (m) | nyersolaj | [ɲɛrʃolɒj] |
| serviço (m) de encomendas | futárszolgálatok | [futa:r solga:lɒtok] |
| indústria (f) farmacêutica | gyógyszerészet | [ɟø:ɟsɛre:sɛt] |
| poligrafia (f) | nyomdaipar | [ɲomdɒ ipɒr] |
| editora (f) | kiadó | [kiɒdo:] |

| | | |
|---|---|---|
| rádio (m) | rádió | [ra:dio:] |
| imobiliário (m) | ingatlan | [iŋgɒtlɒn] |
| restaurante (m) | étterem | [e:ttɛrɛm] |

| empresa (f) de segurança | őrszolgálat | [ø:rsolga:lɒt] |
| desporto (m) | sport | [ʃport] |
| bolsa (f) | tőzsde | [tø:ʒdɛ] |
| loja (f) | bolt | [bolt] |
| supermercado (m) | szupermarket | [supɛrmɒrkɛt] |
| piscina (f) | uszoda | [usodɒ] |
| | | |
| alfaiataria (f) | szalon | [sɒlon] |
| televisão (f) | televízió | [tɛlɛvi:zio:] |
| teatro (m) | színház | [si:nha:z] |
| comércio (atividade) | kereskedelem | [kɛrɛʃkɛdɛlɛm] |
| serviços (m pl) de transporte | fuvarozás | [fuvɒroza:ʃ] |
| viagens (f pl) | turizmus | [turizmuʃ] |
| | | |
| veterinário (m) | állatorvos | [a:llɒt orvoʃ] |
| armazém (m) | raktár | [rɒkta:r] |
| recolha (f) do lixo | szemét elszállítása | [sɛme:t ɛlsa:lli:ta:ʃɒ] |

# Emprego. Negócios. Parte 2

## 83. Espetáculo. Feira

| | | |
|---|---|---|
| feira (f) | kiállítás | [kia:lli:ta:ʃ] |
| feira (f) comercial | kereskedelmi kiállítás | [kɛrɛʃkɛdɛlmi kia:lli:ta:ʃ] |
| | | |
| participação (f) | részvétel | [re:sve:tɛl] |
| participar (vi) | részt vesz | [re:st vɛs] |
| participante (m) | résztvevő | [re:stvɛvø:] |
| | | |
| diretor (m) | igazgató | [igɒzgɒto:] |
| direção (f) | igazgatóság | [igɒzgɒto:ʃa:g] |
| organizador (m) | szervező | [sɛrvɛzø:] |
| organizar (vt) | szervez | [sɛrvɛz] |
| | | |
| ficha (f) de inscrição | részvételi jelentkezés | [re:sve:tɛli jɛlɛntkɛze:ʃ] |
| preencher (vt) | kitölt | [kitølt] |
| detalhes (m pl) | részletek | [re:slɛtɛk] |
| informação (f) | információ | [informa:tsio:] |
| | | |
| preço (m) | ár | [a:r] |
| incluindo | beleértve | [bɛlɛje:rtvɛ] |
| incluir (vt) | magába foglal | [mɒga:bɒ foglɒl] |
| pagar (vt) | fizet | [fizɛt] |
| taxa (f) de inscrição | regisztrációs díj | [rɛgistra:tsio:ʃ di:j] |
| | | |
| entrada (f) | bejárat | [bɛja:rɒt] |
| pavilhão (m) | csarnok | [tʃɒrnok] |
| inscrever (vt) | regisztrál | [rɛgistra:l] |
| crachá (m) | jelvény | [jɛlve:ɲ] |
| | | |
| stand (m) | kiállítási állvány | [kia:lli:ta:ʃi a:llva:ɲ] |
| reservar (vt) | foglal | [foglɒl] |
| | | |
| vitrina (f) | kirakat | [kirɒkɒt] |
| foco, spot (m) | fényvető | [fe:ɲvɛtø:] |
| design (m) | dizájn | [diza:jn] |
| pôr, colocar (vt) | elhelyez | [ɛlhɛjɛz] |
| | | |
| distribuidor (m) | terjesztő | [tɛrjɛstø:] |
| fornecedor (m) | szállító | [sa:lli:to:] |
| | | |
| país (m) | ország | [orsa:g] |
| estrangeiro | idegen | [idɛgɛn] |
| produto (m) | termék | [tɛrme:k] |
| | | |
| associação (f) | egyesület | [ɛɟɛʃylɛt] |
| sala (f) de conferências | ülésterem | [yle:ʃ tɛrɛm] |
| congresso (m) | kongresszus | [koŋgrɛssuʃ] |

| concurso (m) | pályázat | [pa:ja:zɒt] |
| visitante (m) | látogató | [la:togɒto:] |
| visitar (vt) | látogat | [la:togɒt] |
| cliente (m) | megrendelő | [mɛgrɛndɛlø:] |

## 84. Ciência. Investigação. Cientistas

| ciência (f) | tudomány | [tudoma:ɲ] |
| científico | tudományos | [tudoma:nøʃ] |
| cientista (m) | tudós | [tudo:ʃ] |
| teoria (f) | elmélet | [ɛlme:lɛt] |

| axioma (m) | axióma | [ɒksio:mɒ] |
| análise (f) | elemzés | [ɛlɛmze:ʃ] |
| analisar (vt) | elemez | [ɛlɛmɛz] |
| argumento (m) | érv | [e:rv] |
| substância (f) | anyag | [ɒɲɒg] |

| hipótese (f) | hipotézis | [hipote:ziʃ] |
| dilema (m) | dilemma | [dilɛmmɒ] |
| tese (f) | disszertáció | [dissɛrta:tsio:] |
| dogma (m) | dogma | [dogmɒ] |

| doutrina (f) | tan | [tɒn] |
| pesquisa (f) | kutatás | [kutɒta:ʃ] |
| pesquisar (vt) | kutat | [kutɒt] |
| teste (m) | ellenőrzés | [ɛllɛnø:rze:ʃ] |
| laboratório (m) | laboratórium | [lɒbɒrɒto:rium] |

| método (m) | módszer | [mo:dsɛr] |
| molécula (f) | molekula | [molɛkulɒ] |
| monitoramento (m) | ellenőrzés | [ɛllɛnø:rze:ʃ] |
| descoberta (f) | felfedezés | [fɛlfɛdɛze:ʃ] |

| postulado (m) | posztulátum | [postula:tum] |
| princípio (m) | elv | [ɛlv] |
| prognóstico (previsão) | prognózis | [progno:ziʃ] |
| prognosticar (vt) | prognózist készít | [progno:ziʃt ke:si:t] |

| síntese (f) | szintézis | [sinte:ziʃ] |
| tendência (f) | tendencia | [tɛndɛntsiɒ] |
| teorema (m) | tétel | [te:tɛl] |

| ensinamentos (m pl) | tanítás | [tɒni:ta:ʃ] |
| facto (m) | tény | [te:ɲ] |
| expedição (f) | kutatóút | [kutɒto:u:t] |
| experiência (f) | kísérlet | [ki:ʃe:rlɛt] |

| académico (m) | akadémikus | [ɒkɒde:mikuʃ] |
| bacharel (m) | baccalaureatus | [bɒkkɒlɒurɛa:tuʃ] |
| doutor (m) | doktor | [doktor] |
| docente (m) | docens | [dotsɛnʃ] |
| mestre (m) | magiszter | [magistɛr] |
| professor (m) catedrático | professzor | [profɛssor] |

# Profissões e ocupações

## 85. Procura de emprego. Demissão

| | | |
|---|---|---|
| trabalho (m) | munkahely | [muŋkɒhɛj] |
| equipa (f) | személyzet | [sɛmeːjzɛt] |
| | | |
| carreira (f) | karrier | [kɒrriɛr] |
| perspetivas (f pl) | távlat | [taːvlɒt] |
| mestria (f) | képesség | [keːpɛʃeːg] |
| | | |
| seleção (f) | kiválasztás | [kivaːlɒstaːʃ] |
| agência (f) de emprego | munkaközvetítő | [muŋkɒkøzvɛtiːtø:] |
| CV, currículo (m) | rezümé | [rɛzymeː] |
| entrevista (f) de emprego | felvételi interjú | [fɛlveːtɛli intɛrjuː] |
| vaga (f) | betöltetlen állás | [bɛtøltɛtlɛn aːllaːʃ] |
| | | |
| salário (m) | fizetés | [fizɛteːʃ] |
| salário (m) fixo | bér | [beːr] |
| pagamento (m) | fizetés | [fizɛteːʃ] |
| | | |
| posto (m) | állás | [aːllaːʃ] |
| dever (do empregado) | kötelezettség | [køtɛlɛzɛttʃeːg] |
| gama (f) de deveres | munkakör | [muŋkɒkør] |
| ocupado | foglalt | [fogɩɒlt] |
| | | |
| despedir, demitir (vt) | elbocsát | [ɛlbotʃaːt] |
| demissão (f) | elbocsátás | [ɛlbotʃaːtaːʃ] |
| | | |
| desemprego (m) | munkanélküliség | [muŋkɒneːlkyliʃeːg] |
| desempregado (m) | munkanélküli | [muŋkɒneːlkyli] |
| reforma (f) | nyugdíj | [ɲugdiːj] |
| reformar-se | nyugdíjba megy | [ɲugdiːjbɒ mɛɟ] |

## 86. Gente de negócios

| | | |
|---|---|---|
| diretor (m) | igazgató | [igɒzgɒtoː] |
| gerente (m) | vezető | [vɛzɛtøː] |
| patrão, chefe (m) | főnök | [føːnøk] |
| | | |
| superior (m) | főnök | [føːnøk] |
| superiores (m pl) | vezetőség | [vɛzɛtøːʃeːg] |
| presidente (m) | elnök | [ɛlnøk] |
| presidente (m) de direção | elnök | [ɛlnøk] |
| | | |
| substituto (m) | helyettes | [hɛjɛttɛʃ] |
| assistente (m) | segéd | [ʃɛgeːd] |
| secretário (m) | titkár | [titkaːr] |

| secretário (m) pessoal | személyes titkár | [sɛmeːjɛʃ titkaːr] |
| homem (m) de negócios | üzletember | [yzlɛtɛmbɛr] |
| empresário (m) | vállakozó | [vaːllɒlkozoː] |
| fundador (m) | alapító | [ɒlɒpiːtoː] |
| fundar (vt) | alapít | [ɒlɒpiːt] |

| fundador, sócio (m) | alapító | [ɒlɒpiːtoː] |
| parceiro, sócio (m) | partner | [pɒrtnɛr] |
| acionista (m) | részvényes | [reːsveːnɛʃ] |

| milionário (m) | milliomos | [milliomoʃ] |
| bilionário (m) | milliárdos | [milliaːrdoʃ] |
| proprietário (m) | tulajdonos | [tulɒjdonoʃ] |
| proprietário (m) de terras | földbirtokos | [føldbirtokoʃ] |

| cliente (m) | ügyfél | [yɟfeːl] |
| cliente (m) habitual | törzsügyfél | [tørʒ yɟfeːl] |
| comprador (m) | vevő | [vɛvøː] |
| visitante (m) | látogató | [laːtogɒtoː] |

| profissional (m) | szakember | [sɒkɛmbɛr] |
| perito (m) | szakértő | [sɒkeːrtøː] |
| especialista (m) | specialista | [spɛtsialista] |

| banqueiro (m) | bankár | [bɒŋkaːr] |
| corretor (m) | ügynök | [yɟnøk] |

| caixa (m, f) | pénztáros | [peːnstaːroʃ] |
| contabilista (m) | könyvelő | [køɲvɛløː] |
| guarda (m) | biztonsági őr | [bistonʃaːgi øːr] |

| investidor (m) | befektető | [bɛfɛktɛtøː] |
| devedor (m) | adós | [ɒdoːʃ] |
| credor (m) | hitelező | [hitɛlɛzøː] |
| mutuário (m) | kölcsönvevő | [køltʃønvɛvøː] |

| importador (m) | importőr | [importøːr] |
| exportador (m) | exportőr | [ɛskportøːr] |

| produtor (m) | gyártó | [ɟaːrtoː] |
| distribuidor (m) | terjesztő | [tɛrjɛstøː] |
| intermediário (m) | közvetítő | [køzvɛtiːtøː] |

| consultor (m) | tanácsadó | [tɒnaːtʃɒdoː] |
| representante (m) | képviselő | [keːpviʃɛløː] |
| agente (m) | ügynök | [yɟnøk] |
| agente (m) de seguros | biztosítási ügynök | [bistoʃiːtaːʃi yɟnøk] |

## 87. Profissões de serviços

| cozinheiro (m) | szakács | [sɒkaːtʃ] |
| cozinheiro chefe (m) | főszakács | [føːsɒkaːtʃ] |
| padeiro (m) | pék | [peːk] |
| barman (m) | bármixer | [baːrmiksɛr] |

| | | |
|---|---|---|
| empregado (m) de mesa | pincér | [pintse:r] |
| empregada (f) de mesa | pincérnő | [pintse:rnø:] |
| | | |
| advogado (m) | ügyvéd | [yɟveːd] |
| jurista (m) | jogász | [jogaːs] |
| notário (m) | közjegyző | [køzjɛɟzøː] |
| | | |
| eletricista (m) | villanyszerelő | [villɒɲsɛrɛløː] |
| canalizador (m) | vízvezetékszerelő | [viːzvɛzɛteːksɛrɛløː] |
| carpinteiro (m) | ács | [aːtʃ] |
| | | |
| massagista (m) | masszírozó | [mɒssiːrozoː] |
| massagista (f) | masszírozónő | [mɒssiːrozoːnøː] |
| médico (m) | orvos | [orvoʃ] |
| | | |
| taxista (m) | taxis | [tɒksiʃ] |
| condutor (automobilista) | sofőr | [ʃoføːr] |
| entregador (m) | küldönc | [kyldønts] |
| | | |
| camareira (f) | szobalány | [sobɒlaːɲ] |
| guarda (m) | biztonsági őr | [bistonʃaːgi øːr] |
| hospedeira (f) de bordo | légikisasszony | [leːgikiʃɒssoɲ] |
| | | |
| professor (m) | tanár | [tɒnaːr] |
| bibliotecário (m) | könyvtáros | [køɲvtaːroʃ] |
| tradutor (m) | fordító | [fordiːtoː] |
| intérprete (m) | tolmács | [tolmaːtʃ] |
| guia (pessoa) | idegenvezető | [idɛgɛn vɛzɛtøː] |
| | | |
| cabeleireiro (m) | fodrász | [fodraːs] |
| carteiro (m) | postás | [poʃtaːʃ] |
| vendedor (m) | eladó | [ɛlɒdoː] |
| | | |
| jardineiro (m) | kertész | [kɛrteːs] |
| criado (m) | szolga | [solgɒ] |
| criada (f) | szolgálóleány | [solgaːloː lɛaːɲ] |
| empregada (f) de limpeza | takarítónő | [tɒkɒriːtoːnøː] |

### 88. Profissões militares e postos

| | | |
|---|---|---|
| soldado (m) raso | közlegény | [køzlɛgeːɲ] |
| sargento (m) | szakaszvezető | [sɒkɒsvɛzɛtøː] |
| tenente (m) | hadnagy | [hɒdnɒɟ] |
| capitão (m) | százados | [saːzɒdoʃ] |
| | | |
| major (m) | őrnagy | [øːrnɒɟ] |
| coronel (m) | ezredes | [ɛzrɛdɛʃ] |
| general (m) | tábornok | [taːbornok] |
| marechal (m) | tábornagy | [taːbornɒɟ] |
| almirante (m) | tengernagy | [tɛŋgɛrnɒɟ] |
| | | |
| militar (m) | katona | [kɒtonɒ] |
| soldado (m) | katona | [kɒtonɒ] |
| oficial (m) | tiszt | [tist] |

| comandante (m) | parancsnok | [pɒrɒntʃnok] |
| guarda (m) fronteiriço | határőr | [hɒtaːrøːr] |
| operador (m) de rádio | rádiós | [raːdioːʃ] |
| explorador (m) | felderítő | [fɛldɛriːtøː] |
| sapador (m) | árkász | [aːrkaːs] |
| atirador (m) | lövész | [løveːs] |
| navegador (m) | kormányos | [kormaːnøʃ] |

## 89. Oficiais. Padres

| rei (m) | király | [kiraːj] |
| rainha (f) | királynő | [kiraːjnøː] |

| príncipe (m) | herceg | [hɛrtsɛg] |
| princesa (f) | hercegnő | [hɛrtsɛgnøː] |

| czar (m) | cár | [tsaːr] |
| czarina (f) | cárné | [tsaːrneː] |

| presidente (m) | elnök | [ɛlnøk] |
| ministro (m) | miniszter | [ministɛr] |
| primeiro-ministro (m) | miniszterelnök | [ministɛrɛlnøk] |
| senador (m) | szenátor | [sɛnaːtor] |

| diplomata (m) | diplomata | [diplomɒtɒ] |
| cônsul (m) | konzul | [konzul] |
| embaixador (m) | nagykövet | [nɒckøvɛt] |
| conselheiro (m) | tanácsadó | [tɒnaːtʃɒdoː] |

| funcionário (m) | hivatalnok | [hivɒtɒlnok] |
| prefeito (m) | polgármester | [polgaːrmɛʃtɛr] |
| Presidente (m) da Câmara | polgármester | [polgaːrmɛʃtɛr] |

| juiz (m) | bíró | [biːroː] |
| procurador (m) | államügyész | [aːllɒmyɟeːs] |

| missionário (m) | hittérítő | [hitteːriːtøː] |
| monge (m) | barát | [bɒraːt] |
| abade (m) | apát | [ɒpaːt] |
| rabino (m) | rabbi | [rɒbbi] |

| vizir (m) | vezír | [vɛziːr] |
| xá (m) | sah | [ʃɒh] |
| xeque (m) | sejk | [ʃɛjk] |

## 90. Profissões agrícolas

| apicultor (m) | méhész | [meːheːs] |
| pastor (m) | pásztor | [paːstor] |
| agrónomo (m) | agronómus | [ɒgronoːmuʃ] |
| criador (m) de gado | állattenyésztő | [aːllɒt tɛneːstøː] |
| veterinário (m) | állatorvos | [aːllɒt orvoʃ] |

| | | |
|---|---|---|
| agricultor (m) | gazda | [gɒzdɒ] |
| vinicultor (m) | bortermelő | [bortɛrmɛlø:] |
| zoólogo (m) | zoológus | [zoolo:guʃ] |
| cowboy (m) | cowboy | [kovboj] |

## 91. Profissões artísticas

| | | |
|---|---|---|
| ator (m) | színész | [si:ne:s] |
| atriz (f) | színésznő | [si:ne:snø:] |

| | | |
|---|---|---|
| cantor (m) | énekes | [e:nɛkɛʃ] |
| cantora (f) | énekesnő | [e:nɛkɛʃnø:] |

| | | |
|---|---|---|
| bailarino (m) | táncos | [ta:ntsoʃ] |
| bailarina (f) | táncos nő | [ta:ntsoʃ nø:] |

| | | |
|---|---|---|
| artista (m) | művész | [my:ve:s] |
| artista (f) | művésznő | [my:ve:snø:] |

| | | |
|---|---|---|
| músico (m) | zenész | [zɛne:s] |
| pianista (m) | zongoraművész | [zoŋgorɒmy:ve:s] |
| guitarrista (m) | gitáros | [gita:roʃ] |

| | | |
|---|---|---|
| maestro (m) | karmester | [kɒrmɛʃtɛr] |
| compositor (m) | zeneszerző | [zɛnɛsɛrzø:] |
| empresário (m) | impresszárió | [imprɛssa:rio:] |

| | | |
|---|---|---|
| realizador (m) | rendező | [rɛndɛzø:] |
| produtor (m) | producer | [produsɛr] |
| argumentista (m) | forgatókönyvíró | [forgɒto:køɲvi:ro:] |
| crítico (m) | kritikus | [kritikuʃ] |

| | | |
|---|---|---|
| escritor (m) | író | [i:ro:] |
| poeta (m) | költő | [køltø:] |
| escultor (m) | szobrász | [sobra:s] |
| pintor (m) | festő | [fɛʃtø:] |

| | | |
|---|---|---|
| malabarista (m) | zsonglőr | [ʒoŋglø:r] |
| palhaço (m) | bohóc | [boho:ts] |
| acrobata (m) | akrobata | [ɒkrobɒtɒ] |
| mágico (m) | bűvész | [by:ve:s] |

## 92. Várias profissões

| | | |
|---|---|---|
| médico (m) | orvos | [orvoʃ] |
| enfermeira (f) | nővér | [nø:ve:r] |
| psiquiatra (m) | elmeorvos | [ɛlmɛorvoʃ] |
| estomatologista (m) | fogorvos | [fogorvoʃ] |
| cirurgião (m) | sebész | [ʃɛbe:s] |

| | | |
|---|---|---|
| astronauta (m) | űrhajós | [y:rhɒjo:ʃ] |
| astrónomo (m) | csillagász | [tʃillɒga:s] |

| | | |
|---|---|---|
| piloto (m) | pilóta | [piloːtɒ] |
| motorista (m) | sofőr | [ʃoføːr] |
| maquinista (m) | vezető | [vɛzɛtøː] |
| mecânico (m) | gépész | [geːpeːs] |
| | | |
| mineiro (m) | bányász | [baːnjaːs] |
| operário (m) | munkás | [muŋkaːʃ] |
| serralheiro (m) | lakatos | [lɒkɒtoʃ] |
| marceneiro (m) | asztalos | [ɒstɒloʃ] |
| torneiro (m) | esztergályos | [ɛstɛrgaːjoʃ] |
| construtor (m) | építő | [eːpiːtøː] |
| soldador (m) | hegesztő | [hɛgɛstøː] |
| | | |
| professor (m) catedrático | professzor | [profɛssor] |
| arquiteto (m) | építész | [eːpiːteːs] |
| historiador (m) | történész | [tørteːneːs] |
| cientista (m) | tudós | [tudoːʃ] |
| físico (m) | fizikus | [fizikuʃ] |
| químico (m) | vegyész | [vɛɟeːs] |
| | | |
| arqueólogo (m) | régész | [reːgeːs] |
| geólogo (m) | geológus | [gɛoloːguʃ] |
| pesquisador (cientista) | kutató | [kutɒtoː] |
| | | |
| babysitter (f) | dajka | [dɒjkɒ] |
| professor (m) | tanár | [tɒnaːr] |
| | | |
| redator (m) | szerkesztő | [sɛrkɛstøː] |
| redator-chefe (m) | főszerkesztő | [føːsɛrkɛstøː] |
| correspondente (m) | tudósító | [tudoːʃiːtoː] |
| datilógrafa (f) | gépírónő | [geːpiːroːnøː] |
| | | |
| designer (m) | formatervező | [formɒtɛrvɛzøː] |
| especialista (m) em informática | számítógép speciálista | [saːmiːtoːgeːp ʃpɛtsiɒliʃtɒ] |
| programador (m) | programozó | [progrɒmozoː] |
| engenheiro (m) | mérnök | [meːrnøk] |
| | | |
| marujo (m) | tengerész | [tɛŋgɛreːs] |
| marinheiro (m) | tengerész | [tɛŋgɛreːs] |
| salvador (m) | mentő | [mɛntøː] |
| | | |
| bombeiro (m) | tűzoltó | [tyːzoltoː] |
| polícia (m) | rendőr | [rɛndøːr] |
| guarda-noturno (m) | éjjeliőr | [eːjjɛliøːr] |
| detetive (m) | nyomozó | [ɲomozoː] |
| | | |
| funcionário (m) da alfândega | vámos | [vaːmoʃ] |
| guarda-costas (m) | testőr | [tɛʃtøːr] |
| guarda (m) prisional | börtönőr | [børtønøːr] |
| inspetor (m) | felügyelő | [fɛlyɟɛløː] |
| | | |
| desportista (m) | sportoló | [ʃportoloː] |
| treinador (m) | edző | [ɛdzøː] |
| talhante (m) | hentes | [hɛntɛʃ] |
| sapateiro (m) | cipész | [tsipeːs] |

| | | |
|---|---|---|
| comerciante (m) | kereskedő | [kɛrɛʃkɛdøː] |
| carregador (m) | rakodómunkás | [rɒkodoːmuŋkaːʃ] |
| | | |
| estilista (m) | divattervező | [divɒt tɛrvɛzøː] |
| modelo (f) | modell | [modɛll] |

## 93. Ocupações. Estatuto social

| | | |
|---|---|---|
| aluno, escolar (m) | diák | [diaːk] |
| estudante (~ universitária) | hallgató | [hɒllgɒtoː] |
| | | |
| filósofo (m) | filozófus | [filozoːfuʃ] |
| economista (m) | közgazdász | [køzgɒzdaːʃ] |
| inventor (m) | feltaláló | [fɛltɒlaːloː] |
| | | |
| desempregado (m) | munkanélküli | [muŋkɒneːlkyli] |
| reformado (m) | nyugdíjas | [ɲugdiːjɒʃ] |
| espião (m) | kém | [keːm] |
| | | |
| preso (m) | fogoly | [fogoj] |
| grevista (m) | sztrájkoló | [straːjkoloː] |
| burocrata (m) | bürokrata | [byrokrɒtɒ] |
| viajante (m) | utazó | [utɒzoː] |
| | | |
| homossexual (m) | homoszexuális | [homosɛksuaːliʃ] |
| hacker (m) | hacker | [hɒkɛr] |
| | | |
| bandido (m) | bandita | [bɒnditɒ] |
| assassino (m) a soldo | bérgyilkos | [beːrɟilkoʃ] |
| toxicodependente (m) | narkós | [nɒrkoːʃ] |
| traficante (m) | kábítószerkereskedő | [kaːbiːtoːsɛrkɛrɛʃkɛdø] |
| prostituta (f) | prostituált | [proʃtituaːlt] |
| chulo (m) | strici | [ʃtritsi] |
| | | |
| bruxo (m) | varázsló | [vɒraːʒloː] |
| bruxa (f) | boszorkány | [bosorkaːɲ] |
| pirata (m) | kalóz | [kɒloːz] |
| escravo (m) | rab | [rɒb] |
| samurai (m) | szamuráj | [sɒmuraːj] |
| selvagem (m) | vadember | [vɒdɛmbɛr] |

# Educação

## 94. Escola

| | | |
|---|---|---|
| escola (f) | iskola | [iʃkolɒ] |
| diretor (m) de escola | iskolaigazgató | [iʃkolɒ igɒzgɒtoː] |
| aluno (m) | diák | [diaːk] |
| aluna (f) | diáklány | [diaːklaːɲ] |
| escolar (m) | diák | [diaːk] |
| escolar (f) | diáklány | [diaːklaːɲ] |
| ensinar (vt) | tanít | [tɒniːt] |
| aprender (vt) | tanul | [tɒnul] |
| aprender de cor | kívülről tanul | [kiːvylrøːl tɒnul] |
| estudar (vi) | tanul | [tɒnul] |
| andar na escola | tanul | [tɒnul] |
| ir à escola | iskolába jár | [iʃkolaːbɒ jaːr] |
| alfabeto (m) | ábécé | [aːbeːtseː] |
| disciplina (f) | tantárgy | [tɒntaːrɟ] |
| sala (f) de aula | tanterem | [tɒntɛrɛm] |
| lição (f) | tanóra | [tɒnoːrɒ] |
| recreio (m) | szünet | [synɛt] |
| toque (m) | csengő | [tʃɛŋgøː] |
| carteira (f) | pad | [pɒd] |
| quadro (m) negro | tábla | [taːblɒ] |
| nota (f) | jegy | [jɛɟ] |
| boa nota (f) | jó jegy | [joː jɛɟ] |
| nota (f) baixa | rossz jegy | [ross jɛɟ] |
| dar uma nota | jegyet ad | [jɛɟɛt ɒd] |
| erro (m) | hiba | [hibɒ] |
| fazer erros | hibázik | [hibaːzik] |
| corrigir (vt) | javít | [jɒviːt] |
| cábula (f) | puska | [puʃkɒ] |
| dever (m) de casa | házi feladat | [haːzi fɛlɒdɒt] |
| exercício (m) | gyakorlat | [ɟokorlɒt] |
| estar presente | jelen van | [jɛlɛn vɒn] |
| estar ausente | hiányzik | [hiaːɲzik] |
| punir (vt) | büntet | [byntɛt] |
| punição (f) | büntetés | [byntɛteːʃ] |
| comportamento (m) | magatartás | [mɒgɒtɒrtaːʃ] |

| | | |
|---|---|---|
| boletim (m) escolar | iskolai bizonyítvány | [iʃkolɒi+U3738 bizoɲi:tvaːɲ] |
| lápis (m) | ceruza | [tsɛruzɒ] |
| borracha (f) | radír | [rɒdiːr] |
| giz (m) | kréta | [kreːtɒ] |
| estojo (m) | tolltartó | [tolltɒrtoː] |
| | | |
| pasta (f) escolar | iskolatáska | [iʃkolɒtaːʃkɒ] |
| caneta (f) | toll | [toll] |
| caderno (m) | füzet | [fyzɛt] |
| manual (m) escolar | tankönyv | [tɒŋkøɲv] |
| compasso (m) | körző | [kørzøː] |
| | | |
| traçar (vt) | rajzol | [rɒjzol] |
| desenho (m) técnico | tervrajz | [tɛrvrɒjz] |
| | | |
| poesia (f) | vers | [vɛrʃ] |
| de cor | kívülről | [kiːvylrøːl] |
| aprender de cor | kívülről tanul | [kiːvylrøːl tɒnul] |
| | | |
| férias (f pl) | szünet | [synɛt] |
| estar de férias | szünidőt tölti | [synidøːt tølti] |
| | | |
| teste (m) | dolgozat | [dolgozɒt] |
| composição, redação (f) | fogalmazás | [fogɒlmɒzaːʃ] |
| ditado (m) | diktandó | [diktɒndoː] |
| | | |
| exame (m) | vizsga | [viʒgɒ] |
| fazer exame | vizsgázik | [viʒgaːzik] |
| experiência (~ química) | kísérlet | [kiːʃeːrlɛt] |

## 95. Colégio. Universidade

| | | |
|---|---|---|
| academia (f) | akadémia | [ɒkɒdeːmiɒ] |
| universidade (f) | egyetem | [ɛɟɛtɛm] |
| faculdade (f) | kar | [kɒr] |
| | | |
| estudante (m) | diák | [diaːk] |
| estudante (f) | diáklány | [diaːklaːɲ] |
| professor (m) | tanár | [tɒnaːr] |
| | | |
| sala (f) de palestras | tanterem | [tɒntɛrɛm] |
| graduado (m) | végzős | [veːgzøːʃ] |
| | | |
| diploma (m) | szakdolgozat | [sɒgdolgozɒt] |
| tese (f) | disszertáció | [dissɛrtaːtsioː] |
| | | |
| estudo (obra) | kutatás | [kutɒtaːʃ] |
| laboratório (m) | laboratórium | [lɒbɒrɒtoːrium] |
| | | |
| palestra (f) | előadás | [ɛløːɒdaːʃ] |
| colega (m) de curso | évfolyamtárs | [eːvfojɒm taːrʃ] |
| | | |
| bolsa (f) de estudos | ösztöndíj | [østøndiːj] |
| grau (m) académico | tudományos fokozat | [tudomaːɲøʃ fokozɒt] |

## 96. Ciências. Disciplinas

| | | |
|---|---|---|
| matemática (f) | matematika | [mɒtɛmɒtikɒ] |
| álgebra (f) | algebra | [ɒlgɛbrɒ] |
| geometria (f) | mértan | [meːrtɒn] |

| | | |
|---|---|---|
| astronomia (f) | csillagászat | [ʧillɒgaːsɒt] |
| biologia (f) | biológia | [bioloːgiɒ] |
| geografia (f) | földrajz | [føldrɒjz] |
| geologia (f) | földtan | [følttɒn] |
| história (f) | történelem | [tørteːnɛlɛm] |

| | | |
|---|---|---|
| medicina (f) | orvostudomány | [orvoʃtudomaːɲ] |
| pedagogia (f) | pedagógia | [pɛdɒgoːgiɒ] |
| direito (m) | jog | [jog] |

| | | |
|---|---|---|
| física (f) | fizika | [fizikɒ] |
| química (f) | kémia | [keːmiɒ] |
| filosofia (f) | filozófia | [filozoːfiɒ] |
| psicologia (f) | lélektan | [leːlɛktɒn] |

## 97. Sistema de escrita. Ortografia

| | | |
|---|---|---|
| gramática (f) | nyelvtan | [ɲɛlvtɒn] |
| vocabulário (m) | szókincs | [soːkinʧ] |
| fonética (f) | hangtan | [hɒŋgtɒn] |

| | | |
|---|---|---|
| substantivo (m) | főnév | [føːneːv] |
| adjetivo (m) | melléknév | [mɛlleːkneːv] |
| verbo (m) | ige | [igɛ] |
| advérbio (m) | határozószó | [hɒtaːrozoːsoː] |

| | | |
|---|---|---|
| pronome (m) | névmás | [neːvmaːʃ] |
| interjeição (f) | indulatszó | [indulɒtsoː] |
| preposição (f) | elöljárószó | [ɛløljaːroːsoː] |

| | | |
|---|---|---|
| raiz (f) da palavra | szógyök | [soːɟøk] |
| terminação (f) | végződés | [veːgzøːdeːʃ] |
| prefixo (m) | prefixum | [prɛfiksum] |
| sílaba (f) | szótag | [soːtɒg] |
| sufixo (m) | rag | [rɒg] |

| | | |
|---|---|---|
| acento (m) | hangsúly | [hɒŋgʃuːj] |
| apóstrofo (m) | aposztróf | [ɒpostroːf] |

| | | |
|---|---|---|
| ponto (m) | pont | [pont] |
| vírgula (f) | vessző | [vɛssøː] |
| ponto e vírgula (m) | pontosvessző | [pontoʃvɛssøː] |
| dois pontos (m pl) | kettőspont | [kɛttøːʃpont] |
| reticências (f pl) | három pont | [haːrom pont] |

| | | |
|---|---|---|
| ponto (m) de interrogação | kérdőjel | [keːrdøːjɛl] |
| ponto (m) de exclamação | felkiáltójel | [fɛlkiaːltoːjɛl] |

| | | |
|---|---|---|
| aspas (f pl) | idézőjel | [ideːzøːjɛl] |
| entre aspas | idézőjelben | [ideːzøːjɛlbɛn] |
| parênteses (m pl) | zárójel | [zaːroːjɛl] |
| entre parênteses | zárójelben | [zaːroːjɛlbɛn] |
| | | |
| hífen (m) | kötőjel | [køtøːjɛl] |
| travessão (m) | gondolatjel | [gondolɒtjɛl] |
| espaço (m) | szóköz | [soːkøz] |
| | | |
| letra (f) | betű | [bɛtyː] |
| letra (f) maiúscula | nagybetű | [nɒɟbɛtyː] |
| | | |
| vogal (f) | magánhangzó | [mɒgaːnhɒŋgzoː] |
| consoante (f) | mássalhangzó | [maːʃɒlhɒŋgzoː] |
| | | |
| frase (f) | mondat | [mondɒt] |
| sujeito (m) | alany | [ɒlɒɲ] |
| predicado (m) | állítmány | [aːlliːtmaːɲ] |
| | | |
| linha (f) | sor | [ʃor] |
| em uma nova linha | egy új sorban | [ɛɟː uːj ʃorbɒn] |
| parágrafo (m) | bekezdés | [bɛkɛzdeːʃ] |
| | | |
| palavra (f) | szó | [soː] |
| grupo (m) de palavras | összetett szavak | [øsːɛtɛtt sɒvɒk] |
| expressão (f) | kifejezés | [kifɛjɛzeːʃ] |
| sinónimo (m) | szinonima | [sinonimɒ] |
| antónimo (m) | antoníma | [ɒntoniːmɒ] |
| | | |
| regra (f) | szabály | [sɒbaːj] |
| exceção (f) | kivétel | [kiveːtɛl] |
| correto | helyes | [hɛjɛʃ] |
| | | |
| conjugação (f) | igeragozás | [igɛrɒgozaːʃ] |
| declinação (f) | névszóragozás | [neːvsoːrɒgozaːʃ] |
| caso (m) | eset | [ɛʃɛt] |
| pergunta (f) | kérdés | [keːrdeːʃ] |
| sublinhar (vt) | aláhúz | [ɒlaːhuːz] |
| linha (f) pontilhada | kipontozott vonal | [kipontozott vonɒl] |

## 98. Línguas estrangeiras

| | | |
|---|---|---|
| língua (f) | nyelv | [ɲɛlv] |
| língua (f) estrangeira | idegen nyelv | [idɛgɛn ɲɛlv] |
| estudar (vt) | tanul | [tɒnul] |
| aprender (vt) | tanul | [tɒnul] |
| | | |
| ler (vt) | olvas | [olvɒʃ] |
| falar (vi) | beszél | [bɛseːl] |
| compreender (vt) | ért | [eːrt] |
| escrever (vt) | ír | [iːr] |
| | | |
| rapidamente | gyorsan | [ɟørʃɒn] |
| devagar | lassan | [lɒʃɒn] |

| | | |
|---|---|---|
| fluentemente | folyékonyan | [foje:koɲɒn] |
| regras (f pl) | szabályok | [sɒba:jok] |
| gramática (f) | nyelvtan | [ɲɛlvtɒn] |
| vocabulário (m) | szókincs | [so:kintʃ] |
| fonética (f) | hangtan | [hɒŋgtɒn] |
| | | |
| manual (m) escolar | tankönyv | [tɒŋkøɲv] |
| dicionário (m) | szótár | [so:ta:r] |
| manual (m) de autoaprendizagem | önálló tanulásra szolgáló könyv | [øna:llo: tɒnula:ʃrɒ solga:lo: køɲv] |
| guia (m) de conversação | társalgási nyelvkönyv | [ta:rʃɒlga:ʃi nɛlvkøɲv] |
| | | |
| cassete (f) | kazetta | [kɒzɛttɒ] |
| vídeo cassete (m) | videokazetta | [fidɛokɒzɛttɒ] |
| CD (m) | CDlemez | [tsɛdɛlɛmɛz] |
| DVD (m) | DVDlemez | [dɛvɛdɛlɛmɛz] |
| | | |
| alfabeto (m) | ábécé | [a:be:tse:] |
| soletrar (vt) | betűz | [bɛty:z] |
| pronúncia (f) | kiejtés | [kiɛjte:ʃ] |
| | | |
| sotaque (m) | akcentus | [ɒktsɛntuʃ] |
| com sotaque | akcentussal | [ɒktsɛntuʃɒl] |
| sem sotaque | akcentus nélkül | [ɒktsɛntuʃ ne:lkyl] |
| | | |
| palavra (f) | szó | [so:] |
| sentido (m) | értelem | [e:rtɛlɛm] |
| | | |
| cursos (m pl) | tanfolyam | [tɒnfojɒm] |
| inscrever-se (vr) | jelentkezik | [jɛlɛntkɛzik] |
| professor (m) | tanár | [tɒna:r] |
| | | |
| tradução (processo) | fordítás | [fordi:ta:ʃ] |
| tradução (texto) | fordítás | [fordi:ta:ʃ] |
| tradutor (m) | fordító | [fordi:to:] |
| intérprete (m) | tolmács | [tolma:tʃ] |
| | | |
| poliglota (m) | poliglott | [poliglott] |
| memória (f) | emlékezet | [ɛmle:kɛzɛt] |

# Descanso. Entretenimento. Viagens

## 99. Viagens

| | | |
|---|---|---|
| turismo (m) | turizmus | [turizmuʃ] |
| turista (m) | turista | [turiʃtɒ] |
| viagem (f) | utazás | [utɒzɑ:ʃ] |
| aventura (f) | kaland | [kɒlɒnd] |
| viagem (f) | utazás | [utɒzɑ:ʃ] |
| | | |
| férias (f pl) | szabadság | [sɒbɒdʃɑ:g] |
| estar de férias | szabadságon van | [sɒbɒdʃɑ:gon vɒn] |
| descanso (m) | pihenés | [pihɛne:ʃ] |
| | | |
| comboio (m) | vonat | [vonɒt] |
| de comboio (chegar ~) | vonattal | [vonɒttɒl] |
| avião (m) | repülőgép | [rɛpylø:ge:p] |
| de avião | repülőgéppel | [rɛpylø:ge:ppɛl] |
| de carro | autóval | [ɒuto:vɒl] |
| de navio | hajóval | [hɒjo:vɒl] |
| | | |
| bagagem (f) | csomag | [ʧomɒg] |
| mala (f) | bőrönd | [bø:rønd] |
| carrinho (m) | kocsi | [koʧi] |
| | | |
| passaporte (m) | útlevél | [u:tlɛve:l] |
| visto (m) | vízum | [vi:zum] |
| bilhete (m) | jegy | [jɛɟ] |
| bilhete (m) de avião | repülőjegy | [rɛpylø:jɛɟ] |
| | | |
| guia (m) de viagem | útikalauz | [u:tikɒlɒuz] |
| mapa (m) | térkép | [te:rke:p] |
| local (m), area (f) | vidék | [vide:k] |
| lugar, sítio (m) | hely | [hɛj] |
| | | |
| exotismo (m) | egzotikum | [ɛgzotikum] |
| exótico | egzotikus | [ɛgzotikuʃ] |
| surpreendente | csodálatos | [ʧodɑ:lɒtoʃ] |
| | | |
| grupo (m) | csoport | [ʧoport] |
| excursão (f) | kirándulás | [kirɑ:ndulɑ:ʃ] |
| guia (m) | idegenvezető | [idɛgɛn vɛzɛtø:] |

## 100. Hotel

| | | |
|---|---|---|
| hotel (m) | szálloda | [sɑ:llodɒ] |
| motel (m) | motel | [motɛl] |
| três estrelas | három csillagos | [hɑ:rom ʧillɒgoʃ] |

| | | |
|---|---|---|
| cinco estrelas | öt csillagos | [øt tʃillɒgoʃ] |
| ficar (~ num hotel) | megszáll | [mɛgsaːll] |
| | | |
| quarto (m) | szoba | [sobɒ] |
| quarto (m) individual | egyágyas szoba | [ɛɟaːɟɒʃ sobɒ] |
| quarto (m) duplo | kétágyas szoba | [keːtaːɟɒʃ sobɒ] |
| reservar um quarto | lefoglal egy szobát | [lɛfoglɒl ɛɟ sobaːt] |
| | | |
| meia pensão (f) | félpanzió | [feːlpɒnzioː] |
| pensão (f) completa | teljes panzió | [tɛjɛʃ pɒnzioː] |
| | | |
| com banheira | fürdőszobával | [fyrdøːsobaːvɒl] |
| com duche | zuhannyal | [zuhɒnnɒl] |
| televisão (m) satélite | műholdas televízió | [myːholdɒʃ tɛlɛvizioː] |
| ar (m) condicionado | légkondicionáló | [leːgkonditsionaːloː] |
| toalha (f) | törülköző | [tørylkøzøː] |
| chave (f) | kulcs | [kultʃ] |
| | | |
| administrador (m) | adminisztrátor | [ɒdministraːtor] |
| camareira (f) | szobalány | [sobɒlaːɲ] |
| bagageiro (m) | hordár | [hordaːr] |
| porteiro (m) | portás | [portaːʃ] |
| | | |
| restaurante (m) | étterem | [eːttɛrɛm] |
| bar (m) | bár | [baːr] |
| pequeno-almoço (m) | reggeli | [rɛggɛli] |
| jantar (m) | vacsora | [vɒtʃorɒ] |
| buffet (m) | svédasztal | [ʃveːdɒstɒl] |
| | | |
| elevador (m) | lift | [lift] |
| NÃO PERTURBE | KÉRJÜK, NE ZAVARJANAK! | [keːrjyk nɛ zɒvɒrjɒnɒk] |
| PROIBIDO FUMAR! | DOHÁNYOZNI TILOS! | [dohaːnøzni tiloʃ] |

# EQUIPAMENTO TÉCNICO. TRANSPORTES

## Equipamento técnico. Transportes

### 101. Computador

| | | |
|---|---|---|
| computador (m) | számítógép | [saːmiːtoːgeːp] |
| portátil (m) | laptop | [lɒptop] |
| | | |
| ligar (vt) | bekapcsol | [bɛkɒpt͡ʃol] |
| desligar (vt) | kikapcsol | [kikɒpt͡ʃol] |
| | | |
| teclado (m) | billentyűzet | [billɛɲɲcyːzɛt] |
| tecla (f) | billentyű | [billɛɲcyː] |
| rato (m) | egér | [ɛgeːr] |
| tapete (m) de rato | egérpad | [ɛgeːrpɒd] |
| | | |
| botão (m) | gomb | [gomb] |
| cursor (m) | kurzor | [kurzor] |
| | | |
| monitor (m) | monitor | [monitor] |
| ecrã (m) | képernyő | [keːpɛrɲøː] |
| | | |
| disco (m) rígido | merevlemez | [mɛrɛvlɛmɛz] |
| memória (f) | memória | [mɛmoːriɒ] |
| memória RAM (f) | RAM | [rɒm] |
| | | |
| ficheiro (m) | fájl | [faːjl] |
| pasta (f) | mappa | [mɒppɒ] |
| abrir (vt) | nyit | [ɲit] |
| fechar (vt) | zár | [zaːr] |
| | | |
| guardar (vt) | ment | [mɛnt] |
| apagar, eliminar (vt) | töröl | [tørøl] |
| copiar (vt) | másol | [maːʃol] |
| ordenar (vt) | osztályoz | [ostaːjoz] |
| copiar (vt) | átír | [aːtiːr] |
| | | |
| programa (m) | program | [progrɒm] |
| software (m) | szoftver | [softvɛr] |
| programador (m) | programozó | [progrɒmozoː] |
| programar (vt) | programoz | [progrɒmoz] |
| | | |
| hacker (m) | hacker | [hɒkɛr] |
| senha (f) | jelszó | [jɛlsoː] |
| vírus (m) | vírus | [viːruʃ] |
| detetar (vt) | megtalál | [mɛgtɒlaːl] |
| byte (m) | byte | [bɒjt] |
| megabyte (m) | megabyte | [mɛgɒbɒjt] |

| dados (m pl) | adatok | [ɒdɒtok] |
| base (f) de dados | adatbázis | [ɒdɒtbaːziʃ] |

| cabo (m) | kábel | [kaːbɛl] |
| desconectar (vt) | szétkapcsol | [seːtkɒptʃol] |
| conetar (vt) | hozzákapcsol | [hozzaːkɒptʃol] |

## 102. Internet. E-mail

| internet (f) | internet | [intɛrnɛt] |
| browser (m) | böngésző | [bøŋgeːsøː] |
| motor (m) de busca | kereső program | [kɛrɛʃøː progrɒm] |
| provedor (m) | szolgáltató | [solgaːltɒtoː] |

| webmaster (m) | webgazda | [vɛbgɒzdɒ] |
| website, sítio web (m) | weboldal | [vɛboldɒl] |
| página (f) web | weboldal | [vɛboldɒl] |

| endereço (m) | cím | [tsiːm] |
| livro (m) de endereços | címkönyv | [tsiːmkøɲv] |

| caixa (f) de correio | postaláda | [poʃtɒlaːdɒ] |
| correio (m) | posta | [poʃtɒ] |

| mensagem (f) | levél | [lɛveːl] |
| remetente (m) | feladó | [fɛlɒdoː] |
| enviar (vt) | felad | [fɛlɒd] |
| envio (m) | feladás | [fɛlɒdaːʃ] |

| destinatário (m) | címzett | [tsiːmzɛtt] |
| receber (vt) | kap | [kɒp] |

| correspondência (f) | levelezés | [lɛvɛlɛzeːʃ] |
| corresponder-se (vr) | levelez | [lɛvɛlɛz] |

| ficheiro (m) | fájl | [faːjl] |
| fazer download, baixar | letölt | [lɛtølt] |
| criar (vt) | teremt | [tɛrɛmt] |

| apagar, eliminar (vt) | töröl | [tørøl] |
| eliminado | törölt | [størølt] |

| conexão (f) | kapcsolat | [kɒptʃolɒt] |
| velocidade (f) | sebesség | [ʃɛbɛʃeːg] |
| modem (m) | modem | [modɛm] |

| acesso (m) | hozzáférés | [hozːaːfeːreːʃ] |
| porta (f) | port | [port] |

| conexão (f) | csatlakozás | [tʃɒtlɒkozaːʃ] |
| conetar (vi) | csatlakozik | [tʃɒtlɒkozik] |

| escolher (vt) | választ | [vaːlɒst] |
| buscar (vt) | keres | [kɛrɛʃ] |

## 103. Eletricidade

| | | |
|---|---|---|
| eletricidade (f) | villany | [villɒɲ] |
| elétrico | villamos | [villɒmoʃ] |
| central (f) elétrica | villamos erőmű | [villɒmoʃ ɛrø:my:] |
| energia (f) | energia | [ɛnɛrgiɒ] |
| energia (f) elétrica | villamos energia | [villɒmoʃ ɛnɛrgiɒ] |
| lâmpada (f) | körte | [kørtɛ] |
| lanterna (f) | zseblámpa | [ʒɛb la:mpɒ] |
| poste (m) de iluminação | utcalámpa | [utsɒ la:mpɒ] |
| luz (f) | villany | [villɒɲ] |
| ligar (vt) | bekapcsol | [bɛkɒptʃol] |
| desligar (vt) | kikapcsol | [kikɒptʃol] |
| apagar a luz | eloltja a villanyt | [ɛlolcɒ ɒ villɒɲt] |
| fundir (vi) | kiég | [kie:g] |
| curto-circuito (m) | rövidzárlat | [røvidza:rlɒt] |
| rutura (f) | szakadás | [sɒkɒda:ʃ] |
| contacto (m) | érintkezés | [e:rintkɛze:ʃ] |
| interruptor (m) | bekapcsoló | [bɛkɒptʃolo:] |
| tomada (f) | konnektor | [konnɛktor] |
| ficha (f) | dugó | [dugo:] |
| extensão (f) | elosztó | [ɛlosto:] |
| fusível (m) | biztosíték | [bistoʃi:te:k] |
| fio, cabo (m) | vezeték | [vɛzɛte:k] |
| instalação (f) elétrica | vezetés | [vɛzɛte:ʃ] |
| ampere (m) | amper | [ɒmpɛr] |
| amperagem (f) | áramerő | [a:rɒmɛrø:] |
| volt (m) | volt | [volt] |
| voltagem (f) | feszültség | [fɛsyltʃe:g] |
| aparelho (m) elétrico | villamos készülék | [villɒmoʃ ke:syle:k] |
| indicador (m) | indikátor | [indika:tor] |
| eletricista (m) | villanyszerelő | [villɒɲsɛrɛlø:] |
| soldar (vt) | forraszt | [forrɒst] |
| ferro (m) de soldar | forrasztópáka | [forrɒsto:pa:kɒ] |
| corrente (f) elétrica | áramlás | [a:rɒmla:ʃ] |

## 104. Ferramentas

| | | |
|---|---|---|
| ferramenta (f) | szerszám | [sɛrsa:m] |
| ferramentas (f pl) | szerszámok | [sɛrsa:mok] |
| equipamento (m) | felszerelés | [fɛlsɛrɛle:ʃ] |
| martelo (m) | kalapács | [kɒlɒpa:tʃ] |
| chave (f) de fendas | csavarhúzó | [tʃɒvɒrhu:zo:] |
| machado (m) | fejsze | [fɛjsɛ] |

| serra (f) | fűrész | [fyːreːʃ] |
| serrar (vt) | fűrészel | [fyːreːsɛl] |
| plaina (f) | gyalu | [ɟɒlu] |
| aplainar (vt) | gyalul | [ɟɒlul] |
| ferro (m) de soldar | forrasztópáka | [forrɒstoːpaːkɒ] |
| soldar (vt) | forraszt | [forrɒst] |

| lima (f) | reszelő | [rɛsɛløː] |
| tenaz (f) | harapófogó | [hɒrɒpoːfogoː] |
| alicate (m) | laposfogó | [lɒpoʃfogoː] |
| formão (m) | véső | [veːʃøː] |

| broca (f) | fúró | [fuːroː] |
| berbequim (f) | fúrógép | [fuːroːgeːp] |
| furar (vt) | fúr | [fuːr] |

| faca (f) | kés | [keːʃ] |
| lâmina (f) | él | [eːl] |

| afiado | éles | [eːlɛʃ] |
| cego | tompa | [tompɒ] |
| embotar-se (vr) | eltompul | [ɛltompul] |
| afiar, amolar (vt) | élesít | [eːlɛʃiːt] |

| parafuso (m) | csavar | [tʃɒvɒr] |
| porca (f) | csavaranya | [tʃɒvɒrɒɲɒ] |
| rosca (f) | menet | [mɛnɛt] |
| parafuso (m) para madeira | facsavar | [fɒtʃɒvɒr] |

| prego (m) | szeg | [sɛg] |
| cabeça (f) do prego | fej | [fɛj] |

| régua (f) | vonalzó | [vonɒlzoː] |
| fita (f) métrica | mérőszalag | [meːrøːsɒlɒg] |
| nível (m) | vízszintező | [viːzsintɛzøː] |
| lupa (f) | nagyító | [nɒɟiːtoː] |

| medidor (m) | mérőkészülék | [meːrøːkeːsyleːk] |
| medir (vt) | mér | [meːr] |
| escala (f) | skála | [ʃkaːlɒ] |
| indicação (f), registo (m) | állás | [aːllaːʃ] |

| compressor (m) | légsűrítő | [leːgʃyːriːtøː] |
| microscópio (m) | mikroszkóp | [mikroskoːp] |

| bomba (f) | szivattyú | [sivɒcːuː] |
| robô (m) | robotgép | [robotgeːp] |
| laser (m) | lézer | [leːzɛr] |

| chave (f) de boca | csavarkulcs | [tʃɒvɒr kultʃ] |
| fita (f) adesiva | ragasztószalag | [rɒgɒstoː sɒlɒg] |
| cola (f) | ragasztó | [rɒgɒstoː] |

| lixa (f) | csiszolópapír | [tʃisoloːpɒpiːr] |
| mola (f) | rugó | [rugoː] |
| íman (m) | mágnes | [maːgnɛʃ] |

| | | |
|---|---|---|
| luvas (f pl) | kesztyű | [kɛscy:] |
| corda (f) | kötél | [køte:l] |
| cordel (m) | zsinór | [ʒino:r] |
| fio (m) | vezeték | [vɛzɛte:k] |
| cabo (m) | kábel | [ka:bɛl] |
| | | |
| marreta (f) | nagy kalapács | [nɒɟ kɒlɒpa:tʃ] |
| pé de cabra (m) | bontórúd | [bonto:ru:d] |
| escada (f) de mão | létra | [le:trɒ] |
| escadote (m) | létra | [le:trɒ] |
| | | |
| enroscar (vt) | becsavar | [bɛtʃɒvɒr] |
| desenroscar (vt) | kicsavar | [kitʃɒvɒr] |
| apertar (vt) | beszorít | [bɛsori:t] |
| colar (vt) | ráragaszt | [ra:rɒgɒst] |
| cortar (vt) | vág | [va:g] |
| | | |
| falha (mau funcionamento) | üzemzavar | [yzɛmzɒvɒr] |
| conserto (m) | javítás | [jɒvi:ta:ʃ] |
| consertar, reparar (vt) | javít | [jɒvi:t] |
| regular, ajustar (vt) | szabályoz | [sɒba:joz] |
| | | |
| verificar (vt) | ellenőriz | [ɛllɛnø:riz] |
| verificação (f) | ellenőrzés | [ɛllɛnø:rze:ʃ] |
| indicação (f), registo (m) | állás | [a:lla:ʃ] |
| | | |
| seguro | biztos | [biztoʃ] |
| complicado | bonyolult | [bonølult] |
| | | |
| enferrujar (vi) | rozsdásodik | [roʒda:ʃodik] |
| enferrujado | rozsdás | [roʒda:ʃ] |
| ferrugem (f) | rozsda | [roʒdɒ] |

# Transportes

## 105. Avião

| | | |
|---|---|---|
| avião (m) | repülőgép | [rɛpylø:ge:p] |
| bilhete (m) de avião | repülőjegy | [rɛpylø:jɛɟ] |
| companhia (f) aérea | légitársaság | [le:gi ta:rʃɒʃa:g] |
| aeroporto (m) | repülőtér | [rɛpylø:te:r] |
| supersónico | szuperszónikus | [supɛrso:nikuʃ] |

| | | |
|---|---|---|
| comandante (m) do avião | kapitány | [kɒpita:ɲ] |
| tripulação (f) | személyzet | [sɛme:jzɛt] |
| piloto (m) | pilóta | [pilo:tɒ] |
| hospedeira (f) de bordo | légikisasszony | [le:gikiʃɒssoɲ] |
| copiloto (m) | navigátor | [nɒviga:tor] |

| | | |
|---|---|---|
| asas (f pl) | szárnyak | [sa:rɲɒk] |
| cauda (f) | vég | [ve:g] |
| cabine (f) de pilotagem | fülke | [fylkɛ] |
| motor (m) | motor | [motor] |
| trem (m) de aterragem | futómű | [futo:my:] |
| turbina (f) | turbina | [turbinɒ] |

| | | |
|---|---|---|
| hélice (f) | légcsavar | [le:gtʃɒvɒr] |
| caixa-preta (f) | fekete doboz | [fɛkɛtɛ doboz] |
| coluna (f) de controlo | kormány | [korma:ɲ] |
| combustível (m) | üzemanyag | [yzɛmɒɲɒg] |

| | | |
|---|---|---|
| instruções (f pl) de segurança | instrukció | [inʃtruktsio:] |
| máscara (f) de oxigénio | oxigénmaszk | [oksige:nmɒsk] |
| uniforme (m) | egyenruha | [ɛɟɛnruhɒ] |

| | | |
|---|---|---|
| colete (m) salva-vidas | mentőmellény | [mɛntø:mɛlle:ɲ] |
| paraquedas (m) | ejtőernyő | [ɛjtø:ɛrɲø:] |

| | | |
|---|---|---|
| descolagem (f) | felszállás | [fɛlsa:lla:ʃ] |
| descolar (vi) | felszáll | [fɛlsa:ll] |
| pista (f) de descolagem | kifutópálya | [kifuto:pa:jɒ] |

| | | |
|---|---|---|
| visibilidade (f) | láthatóság | [la:thɒto:ʃa:g] |
| voo (m) | repülés | [rɛpyle:ʃ] |

| | | |
|---|---|---|
| altura (f) | magasság | [mɒgɒʃa:g] |
| poço (m) de ar | turbulencia | [turbulɛntsiɒ] |

| | | |
|---|---|---|
| assento (m) | hely | [hɛj] |
| auscultadores (m pl) | fejhallgató | [fɛlhɒllgɒto:] |
| mesa (f) rebatível | felhajtható asztal | [fɛlhɒjthɒto: ɒstɒl] |
| vigia (f) | repülőablak | [rɛpylø:ɒblɒk] |
| passagem (f) | járat | [ja:rɒt] |

## 106. Comboio

| | | |
|---|---|---|
| comboio (m) | vonat | [vonɒt] |
| comboio (m) suburbano | villanyvonat | [villɒɲvonɒt] |
| comboio (m) rápido | gyorsvonat | [ɟorʃvonɒt] |
| locomotiva (f) diesel | dízelmozdony | [diːzɛlmozdoɲ] |
| locomotiva (f) a vapor | gőzmozdony | [gøːzmozdoɲ] |
| | | |
| carruagem (f) | személykocsi | [sɛmeːjkotʃi] |
| carruagem restaurante (f) | étkezőkocsi | [eːtkɛzøːkotʃi] |
| | | |
| carris (m pl) | sín | [ʃiːn] |
| caminho de ferro (m) | vasút | [vɒʃuːt] |
| travessa (f) | talpfa | [tɒlpfɒ] |
| | | |
| plataforma (f) | peron | [pɛron] |
| linha (f) | vágány | [vaːgaːɲ] |
| semáforo (m) | karjelző | [kɒrjɛlzøː] |
| estação (f) | állomás | [aːllomaːʃ] |
| | | |
| maquinista (m) | vonatvezető | [vonɒtvɛzɛtøː] |
| bagageiro (m) | hordár | [hordaːr] |
| hospedeiro, -a (da carruagem) | kalauz | [kɒlɒuz] |
| passageiro (m) | utas | [utɒʃ] |
| revisor (m) | ellenőr | [ɛllɛnøːr] |
| | | |
| corredor (m) | folyosó | [fojoʃoː] |
| freio (m) de emergência | vészfék | [veːsfeːk] |
| | | |
| compartimento (m) | fülke | [fylkɛ] |
| cama (f) | polc | [polts] |
| cama (f) de cima | felső polc | [fɛlʃøː polts] |
| cama (f) de baixo | alsó polc | [ɒlʃoː polts] |
| roupa (f) de cama | ágynemű | [aːɟnɛmyː] |
| | | |
| bilhete (m) | jegy | [jɛɟ] |
| horário (m) | menetrend | [mɛnɛtrɛnd] |
| painel (m) de informação | tabló | [tɒbloː] |
| | | |
| partir (vt) | indul | [indul] |
| partida (f) | indulás | [indulaːʃ] |
| | | |
| chegar (vi) | érkezik | [eːrkɛzik] |
| chegada (f) | érkezés | [eːrkɛzeːʃ] |
| | | |
| chegar de comboio | vonaton érkezik | [vonɒton eːrkɛzik] |
| apanhar o comboio | felszáll a vonatra | [fɛlsaːll ɒ vonɒtrɒ] |
| sair do comboio | leszáll a vonatról | [lɛsaːll ɒ vonɒtroːl] |
| | | |
| acidente (m) ferroviário | vasúti szerencsétlenség | [vɒʃuːti sɛrɛntʃeːtlɛnʃeːg] |
| locomotiva (f) a vapor | gőzmozdony | [gøːzmozdoɲ] |
| fogueiro (m) | kazánfűtő | [kɒzaːnfyːtøː] |
| fornalha (f) | tűztér | [tyːzteːr] |
| carvão (m) | szén | [seːn] |

## 107. Barco

| Português | Húngaro | IPA |
|---|---|---|
| navio (m) | hajó | [hɒjoː] |
| embarcação (f) | vízi jármű | [viːzi jaːrmyː] |
| | | |
| vapor (m) | gőzhajó | [gøzhɒjoː] |
| navio (m) | motoros hajó | [motoroʃ hɒjoː] |
| transatlântico (m) | óceánjáró | [oːtsɛaːnjaːroː] |
| cruzador (m) | cirkáló | [tsirkaːloː] |
| | | |
| iate (m) | jacht | [jɒxt] |
| rebocador (m) | vontatóhajó | [vontɒtoː hɒjoː] |
| barcaça (f) | uszály | [usaːj] |
| ferry (m) | komp | [komp] |
| | | |
| veleiro (m) | vitorlás hajó | [vitorlaːʃ hɒjoː] |
| bergantim (m) | brigantine | [brigantin] |
| | | |
| quebra-gelo (m) | jégtörő hajó | [jeːgtørø: hɒjoː] |
| submarino (m) | tengeralattjáró | [tɛŋgɛrɒlɒttjaːroː] |
| | | |
| bote, barco (m) | csónak | [tʃoːnɒk] |
| bote, dingue (m) | csónak | [tʃoːnɒk] |
| bote (m) salva-vidas | mentőcsónak | [mɛntø:tʃoːnɒk] |
| lancha (f) | motorcsónak | [motor tʃoːnɒk] |
| | | |
| capitão (m) | kapitány | [kɒpitaːɲ] |
| marinheiro (m) | tengerész | [tɛŋgɛreːs] |
| marujo (m) | tengerész | [tɛŋgɛreːs] |
| tripulação (f) | személyzet | [sɛmeːjzɛt] |
| | | |
| contramestre (m) | fedélzetmester | [fɛdeːlzɛtmɛʃtɛr] |
| grumete (m) | matrózinas | [mɒtroːzinɒʃ] |
| cozinheiro (m) de bordo | hajószakács | [hɒjoːsɒkaːtʃ] |
| médico (m) de bordo | hajóorvos | [hɒjoːorvoʃ] |
| | | |
| convés (m) | fedélzet | [fɛdeːlzɛt] |
| mastro (m) | árboc | [aːrbots] |
| vela (f) | vitorla | [vitorlɒ] |
| | | |
| porão (m) | hajóűr | [hɒjoːyːr] |
| proa (f) | orr | [orr] |
| popa (f) | hajófar | [hɒjoːfɒr] |
| remo (m) | evező | [ɛvɛzø:] |
| hélice (f) | csavar | [tʃɒvɒr] |
| | | |
| camarote (m) | hajófülke | [hɒjoːfylkɛ] |
| sala (f) dos oficiais | társalgó | [taːrʃɒlgoː] |
| sala (f) das máquinas | gépház | [geːphaːz] |
| ponte (m) de comando | parancsnoki híd | [pɒrɒntʃnoki hiːd] |
| sala (f) de comunicações | rádiófülke | [raːdioːfylkɛ] |
| onda (f) de rádio | hullám | [hullaːm] |
| diário (m) de bordo | hajónapló | [hɒjoːnɒploː] |
| luneta (f) | távcső | [taːvtʃø:] |
| sino (m) | harang | [hɒrɒŋg] |

| | | |
|---|---|---|
| bandeira (f) | zászló | [zaːsloː] |
| cabo (m) | kötél | [køteːl] |
| nó (m) | tengeri csomó | [tɛŋɡɛri tʃomoː] |
| corrimão (m) | korlát | [korlaːt] |
| prancha (f) de embarque | hajólépcső | [hɔjoːleːptʃøː] |
| âncora (f) | horgony | [horɡoɲ] |
| recolher a âncora | horgonyt felszed | [horɡoɲt fɛlsɛd] |
| lançar a âncora | horgonyt vet | [horɡoɲt vɛt] |
| amarra (f) | horgonylánc | [horɡoɲlaːnts] |
| porto (m) | kikötő | [kikøtøː] |
| cais, amarradouro (m) | móló, kikötő | [moːloː], [kikøtøː] |
| atracar (vi) | kiköt | [kikøt] |
| desatracar (vi) | elold | [ɛlold] |
| viagem (f) | utazás | [utɒzaːʃ] |
| cruzeiro (m) | hajóút | [hɔjoːuːt] |
| rumo (m), rota (f) | irány | [iraːɲ] |
| itinerário (m) | járat | [jaːrɒt] |
| canal (m) navegável | hajózható út | [hɔjoːzhɒtoː uːt] |
| banco (m) de areia | zátony | [zaːtoɲ] |
| encalhar (vt) | zátonyra fut | [zaːtoɲrɒ fut] |
| tempestade (f) | vihar | [vihɒr] |
| sinal (m) | jelzés | [jɛlzeːʃ] |
| afundar-se (vr) | elmerül | [ɛlmɛryl] |
| SOS | SOS | [sos] |
| boia (f) salva-vidas | mentőöv | [mɛntøːøv] |

## 108. Aeroporto

| | | |
|---|---|---|
| aeroporto (m) | repülőtér | [rɛpyløːteːr] |
| avião (m) | repülőgép | [rɛpyløːɡeːp] |
| companhia (f) aérea | légitársaság | [leːɡi taːrʃɒʃaːɡ] |
| controlador (m) de tráfego aéreo | diszpécser | [dispeːtʃɛr] |
| partida (f) | elrepülés | [ɛlrɛpyleːʃ] |
| chegada (f) | megérkezés | [mɛɡeːrkɛzeːʃ] |
| chegar (~ de avião) | megérkezik | [mɛɡeːrkɛzik] |
| hora (f) de partida | az indulás ideje | [ɒz indulaːʃ idɛjɛ] |
| hora (f) de chegada | a leszállás ideje | [ɒ lɛsaːllaːʃ idɛjɛ] |
| estar atrasado | késik | [keːʃik] |
| atraso (m) de voo | a felszállás késése | [ɒ fɛlsaːllaːʃ keːʃeːʃɛ] |
| painel (m) de informação | tájékoztató tabló | [taːjeːkoztɒtoː tɒbloː] |
| informação (f) | információ | [informaːtsioː] |
| anunciar (vt) | bemond | [bɛmond] |
| voo (m) | járat | [jaːrɒt] |

| | | |
|---|---|---|
| alfândega (f) | vám | [va:m] |
| funcionário (m) da alfândega | vámos | [va:moʃ] |
| | | |
| declaração (f) alfandegária | vámnyilatkozat | [va:mɲilɒtkozɒt] |
| preencher (vt) | tölt | [tølt] |
| controlo (m) de passaportes | útlevélvizsgálat | [u:tlɛve:lviʒga:lɒt] |
| | | |
| bagagem (f) | poggyász | [poɟɟa:s] |
| bagagem (f) de mão | kézipoggyász | [ke:zipodɟa:s] |
| carrinho (m) | kocsi | [kotʃi] |
| | | |
| aterragem (f) | leszállás | [lɛsa:lla:ʃ] |
| pista (f) de aterragem | leszállóhely | [lɛsa:llo:U4947hɛj] |
| aterrar (vi) | leszáll | [lɛsa:ll] |
| escada (f) de avião | utaslépcső | [utoʃ le:ptʃø:] |
| | | |
| check-in (m) | bejegyzés | [bɛjɛɟze:ʃ] |
| balcão (m) do check-in | jegy és poggyászkezelés | [jɛɟ e:ʃ poɟɟa:s kɛzɛle:ʃ] |
| fazer o check-in | bejegyzi magát | [bɛjɛɟzi mɒga:t] |
| cartão (m) de embarque | beszállókártya | [bɛsa:llo:ka:rcɒ] |
| porta (f) de embarque | kapu | [kɒpu] |
| | | |
| trânsito (m) | tranzit | [trɒnzit] |
| esperar (vi, vt) | vár | [va:r] |
| sala (f) de espera | váróterem | [va:ro:tɛrɛm] |
| despedir-se de … | kísér | [ki:ʃe:r] |
| despedir-se (vr) | elbúcsúzik | [ɛlbu:tʃu:zik] |

# Eventos

## 109. Férias. Evento

| | | |
|---|---|---|
| festa (f) | ünnep | [ynnɛp] |
| festa (f) nacional | nemzeti ünnep | [nɛmzɛti ynnɛp] |
| feriado (m) | ünnepnap | [ynnɛpnɒp] |
| festejar (vt) | ünnepel | [ynnɛpɛl] |
| | | |
| evento (festa, etc.) | esemény | [ɛʃɛme:ɲ] |
| evento (banquete, etc.) | rendezvény | [rɛndɛzve:ɲ] |
| banquete (m) | díszvacsora | [di:svɒtʃorɒ] |
| receção (f) | fogadás | [fogɒda:ʃ] |
| festim (m) | lakoma | [lɒkomɒ] |
| | | |
| aniversário (m) | évforduló | [e:vfordulo:] |
| jubileu (m) | jubileum | [jubilɛum] |
| celebrar (vt) | megemlékezik | [mɛgɛmle:kɛzik] |
| | | |
| Ano (m) Novo | Újév | [u:je:v] |
| Feliz Ano Novo! | Boldog Újévet! | [boldog u:je:vɛt] |
| | | |
| Natal (m) | karácsony | [kɒra:tʃoɲ] |
| Feliz Natal! | Boldog karácsonyt! | [boldog kɒra:tʃoɲt] |
| árvore (f) de Natal | karácsonyfa | [kɒra:tʃoɲfɒ] |
| fogo (m) de artifício | tűzijáték | [ty:zija:te:k] |
| | | |
| boda (f) | lakodalom | [lɒkodɒlom] |
| noivo (m) | vőlegény | [vø:lɛge:ɲ] |
| noiva (f) | menyasszony | [mɛɲɒssoɲ] |
| | | |
| convidar (vt) | meghív | [mɛghi:v] |
| convite (m) | meghívó | [mɛghi:vo:] |
| | | |
| convidado (m) | vendég | [vɛnde:g] |
| visitar (vt) | vendégségbe megy | [vɛnde:gʃe:gbɛ mɛɟ] |
| receber os hóspedes | vendéget fogad | [vɛnde:gɛt fogɒd] |
| | | |
| presente (m) | ajándék | [ɒja:nde:k] |
| oferecer (vt) | ajándékoz | [ɒja:nde:koz] |
| receber presentes | ajándékot kap | [ɒja:nde:kot kɒp] |
| ramo (m) de flores | csokor | [tʃokor] |
| | | |
| felicitações (f pl) | üdvözlet | [ydvøzlɛt] |
| felicitar (dar os parabéns) | gratulál | [grɒtula:l] |
| | | |
| cartão (m) de parabéns | üdvözlő képeslap | [ydvøzlø: ke:pɛʃlɒp] |
| enviar um postal | képeslapot küld | [ke:pɛʃlɒpot kyld] |
| receber um postal | képeslapot kap | [ke:pɛʃlɒpot kɒp] |
| brinde (m) | pohárköszöntő | [poha:rkøsøntø:] |

| | | |
|---|---|---|
| oferecer (vt) | kínál | [ki:na:l] |
| champanhe (m) | pezsgő | [pɛʒgø:] |
| | | |
| divertir-se (vr) | szórakozik | [so:rɒkozik] |
| diversão (f) | vidámság | [vida:mʃa:g] |
| alegria (f) | öröm | [ørøm] |
| | | |
| dança (f) | tánc | [ta:nts] |
| dançar (vi) | táncol | [ta:ntsol] |
| | | |
| valsa (f) | keringő | [kɛriŋgø:] |
| tango (m) | tangó | [tɒŋgo:] |

## 110. Funerais. Enterro

| | | |
|---|---|---|
| cemitério (m) | temető | [tɛmɛtø:] |
| sepultura (f), túmulo (m) | sír | [ʃi:r] |
| cruz (f) | kereszt | [kɛrɛst] |
| lápide (f) | sírkő | [ʃi:rkø:] |
| cerca (f) | kerítés | [kɛri:te:ʃ] |
| capela (f) | kápolna | [ka:polnɒ] |
| | | |
| morte (f) | halál | [hɒla:l] |
| morrer (vi) | meghal | [mɛghɒl] |
| defunto (m) | halott | [hɒlott] |
| luto (m) | gyász | [ɟa:s] |
| | | |
| enterrar, sepultar (vt) | temet | [tɛmɛt] |
| agência (f) funerária | temetkezési vállalat | [tɛmɛtkɛze:ʃi va:llɒlɒt] |
| funeral (m) | temetés | [tɛmɛte:ʃ] |
| | | |
| coroa (f) de flores | koszorú | [kosoru:] |
| caixão (m) | koporsó | [koporʃo:] |
| carro (m) funerário | ravatal | [rɒvɒtɒl] |
| mortalha (f) | halotti ruha | [hɒlotti ruhɒ] |
| | | |
| urna (f) funerária | urna | [urnɒ] |
| crematório (m) | krematórium | [krɛmɒto:rium] |
| | | |
| obituário (m), necrologia (f) | nekrológ | [nɛkrolo:g] |
| chorar (vi) | sír | [ʃi:r] |
| soluçar (vi) | zokog | [zokog] |

## 111. Guerra. Soldados

| | | |
|---|---|---|
| pelotão (m) | szakasz | [sɒkɒs] |
| companhia (f) | század | [sa:zɒd] |
| regimento (m) | ezred | [ɛzrɛd] |
| exército (m) | hadsereg | [hɒtʃɛrɛg] |
| divisão (f) | hadosztály | [hɒdosta:j] |
| destacamento (m) | csapat | [tʃɒpɒt] |
| hoste (f) | hadsereg | [hɒtʃɛrɛg] |

| | | |
|---|---|---|
| soldado (m) | katona | [kɒtonɒ] |
| oficial (m) | tiszt | [tist] |
| | | |
| soldado (m) raso | közlegény | [køzlɛgeːɲ] |
| sargento (m) | őrmester | [øːrmɛʃtɛr] |
| tenente (m) | hadnagy | [hɒdnɒɟ] |
| capitão (m) | százados | [saːzɒdoʃ] |
| major (m) | őrnagy | [øːrnɒɟ] |
| coronel (m) | ezredes | [ɛzrɛdɛʃ] |
| general (m) | tábornok | [taːbornok] |
| | | |
| marujo (m) | tengerész | [tɛŋgɛreːs] |
| capitão (m) | kapitány | [kɒpitaːɲ] |
| contramestre (m) | fedélzetmester | [fɛdeːlzɛtmɛʃtɛr] |
| | | |
| artilheiro (m) | tüzér | [tyzeːr] |
| soldado (m) paraquedista | deszantos | [dɛsɒntoʃ] |
| piloto (m) | pilóta | [piloːtɒ] |
| navegador (m) | kormányos | [kormaːnøʃ] |
| mecânico (m) | gépész | [geːpeːs] |
| | | |
| sapador (m) | utász | [utaːs] |
| paraquedista (m) | ejtőernyős | [ɛjtøːɛrɲøːʃ] |
| explorador (m) | felderítő | [fɛldɛriːtøː] |
| franco-atirador (m) | mesterlövész | [mɛʃtɛrløveːs] |
| | | |
| patrulha (f) | őrjárat | [øːrjaːrɒt] |
| patrulhar (vt) | őrjáratoz | [øːrjaːrɒtoz] |
| sentinela (f) | őr | [øːr] |
| | | |
| guerreiro (m) | harcos | [hɒrtsoʃ] |
| patriota (m) | hazafi | [hɒzɒfi] |
| herói (m) | hős | [høːʃ] |
| heroína (f) | hősnő | [høːʃnøː] |
| | | |
| traidor (m) | áruló | [aːruloː] |
| desertor (m) | szökevény | [søkveːɲ] |
| desertar (vt) | megszökik | [mɛgsøkik] |
| | | |
| mercenário (m) | zsoldos | [ʒoldoʃ] |
| recruta (m) | újonc | [uːjonts] |
| voluntário (m) | önkéntes | [øŋkeːntɛʃ] |
| | | |
| morto (m) | halott | [hɒlott] |
| ferido (m) | sebesült | [ʃɛbɛʃylt] |
| prisioneiro (m) de guerra | fogoly | [fogoj] |

## 112. Guerra. Ações militares. Parte 1

| | | |
|---|---|---|
| guerra (f) | háború | [haːboruː] |
| guerrear (vt) | harcol | [hɒrtsol] |
| guerra (f) civil | polgárháború | [polgaːrhaːboruː] |
| perfidamente | alattomos | [ɒlɒttomos] |
| declaração (f) de guerra | hadüzenet | [hɒdyzɛnɛt] |

| | | |
|---|---|---|
| declarar (vt) guerra | hadat üzen | [hɒdɒt yzɛn] |
| agressão (f) | agresszió | [ɒgrɛssio:] |
| atacar (vt) | támad | [ta:mɒd] |
| | | |
| invadir (vt) | meghódít | [mɛgho:di:t] |
| invasor (m) | megszállók | [mɛksa:llo:k] |
| conquistador (m) | hódító | [ho:di:to:] |
| | | |
| defesa (f) | védelem | [ve:dɛlɛm] |
| defender (vt) | védelmez | [ve:dɛlmɛz] |
| defender-se (vr) | védekezik | [ve:dɛkɛzik] |
| | | |
| inimigo (m) | ellenség | [ɛllɛnʃe:g] |
| adversário (m) | ellenfél | [ɛllɛnfe:l] |
| inimigo | ellenséges | [ɛllɛnʃe:gɛʃ] |
| | | |
| estratégia (f) | hadászat | [hɒda:sɒt] |
| tática (f) | taktika | [tɒktikɒ] |
| | | |
| ordem (f) | parancs | [pɒrɒntʃ] |
| comando (m) | parancs | [pɒrɒntʃ] |
| ordenar (vt) | parancsol | [pɒrɒntʃol] |
| missão (f) | megbízás | [mɛgbi:za:ʃ] |
| secreto | titkos | [titkoʃ] |
| | | |
| batalha (f) | csata | [tʃɒtɒ] |
| combate (m) | harc | [hɒrts] |
| | | |
| ataque (m) | támadás | [ta:mɒda:ʃ] |
| assalto (m) | roham | [rohɒm] |
| assaltar (vt) | megrohamoz | [mɛgrohɒmoz] |
| assédio, sítio (m) | ostrom | [oʃtrom] |
| | | |
| ofensiva (f) | támadás | [ta:mɒda:ʃ] |
| passar à ofensiva | támad | [ta:mɒd] |
| | | |
| retirada (f) | visszavonulás | [vissɒvonula:ʃ] |
| retirar-se (vr) | visszavonul | [vissɒvonul] |
| | | |
| cerco (m) | bekerítés | [bɛkɛri:te:ʃ] |
| cercar (vt) | körülvesz | [kørylvɛs] |
| | | |
| bombardeio (m) | bombázás | [bomba:za:ʃ] |
| lançar uma bomba | bombáz | [bomba:z] |
| bombardear (vt) | bombáz | [bomba:z] |
| explosão (f) | robbanás | [robbɒna:ʃ] |
| | | |
| tiro (m) | lövés | [løve:ʃ] |
| disparar um tiro | lő | [lø:] |
| tiroteio (m) | tüzelés | [tyzɛle:ʃ] |
| | | |
| apontar para ... | céloz | [tse:loz] |
| apontar (vt) | céloz | [tse:loz] |
| acertar (vt) | eltalál | [ɛltɒla:l] |
| afundar (um navio) | elsüllyeszt | [ɛlʃyj:ɛst] |
| brecha (f) | lék | [le:k] |

| Português | Húngaro | Pronúncia |
|---|---|---|
| afundar-se (vr) | elsüllyed | [ɛlʃyjːɛd] |
| frente (m) | front | [front] |
| evacuação (f) | kitelepítés | [kitɛlɛpiːteːʃ] |
| evacuar (vt) | kitelepít | [kitɛlɛpiːt] |
| arame (m) farpado | tüskésdrót | [tyʃkeːʃdroːt] |
| obstáculo (m) anticarro | torlasz | [torlɒs] |
| torre (f) de vigia | torony | [toroɲ] |
| hospital (m) | katonai kórház | [kɒtonɒj koːrhaːz] |
| ferir (vt) | megsebez | [mɛgʃɛbɛz] |
| ferida (f) | seb | [ʃɛb] |
| ferido (m) | sebesült | [ʃɛbɛʃylt] |
| ficar ferido | megsebesül | [mɛgʃɛbɛʃyl] |
| grave (ferida ~) | súlyos | [ʃuːjoʃ] |

## 113. Guerra. Ações militares. Parte 2

| Português | Húngaro | Pronúncia |
|---|---|---|
| cativeiro (m) | fogság | [fogʃaːg] |
| capturar (vt) | foglyul ejt | [fogjyl ɛjt] |
| estar em cativeiro | fogságban van | [fogʃaːgbɒn vɒn] |
| ser aprisionado | fogságba esik | [fogʃaːgbɒ ɛʃik] |
| campo (m) de concentração | koncentrációs tábor | [kontsɛntraːtsioːʃ taːbor] |
| prisioneiro (m) de guerra | fogoly | [fogoj] |
| escapar (vi) | megszökik | [mɛgsøkik] |
| trair (vt) | elárul | [ɛlaːrul] |
| traidor (m) | áruló | [aːruloː] |
| traição (f) | árulás | [aːrulaːʃ] |
| fuzilar, executar (vt) | agyonlő | [ɒɟønløː] |
| fuzilamento (m) | agyonlövés | [ɒɟønløveːʃ] |
| equipamento (m) | felszerelés | [fɛlsɛrɛleːʃ] |
| platina (f) | válllap | [vaːlllɒp] |
| máscara (f) antigás | gázálarc | [gaːzaːlɒrts] |
| rádio (m) | rádió | [raːdioː] |
| cifra (f), código (m) | rejtjel | [rɛjtjɛl] |
| conspiração (f) | konspiráció | [konʃpiraːtsioː] |
| senha (f) | jelszó | [jɛlsoː] |
| mina (f) | akna | [ɒknɒ] |
| minar (vt) | elaknásít | [ɛlɒknaːʃiːt] |
| campo (m) minado | aknamező | [ɒknɒmɛzøː] |
| alarme (m) aéreo | légiriadó | [leːgiriɒdoː] |
| alarme (m) | riadó | [riɒdoː] |
| sinal (m) | jelzés | [jɛlzeːʃ] |
| sinalizador (m) | jelzőrakéta | [jɛlzøːrɒkeːtɒ] |
| estado-maior (m) | főhadiszállás | [føːhɒdisaːllaːʃ] |
| reconhecimento (m) | felderítés | [fɛldɛriːteːʃ] |

| situação (f) | helyzet | [hɛjzɛt] |
| relatório (m) | beszámoló | [bɛsaːmoloː] |
| emboscada (f) | les | [lɛʃ] |
| reforço (m) | erősítés | [ɛrøːʃiːteːʃ] |

| alvo (m) | célpont | [tseːlpont] |
| campo (m) de tiro | lőtér | [løːteːr] |
| manobras (f pl) | hadgyakorlatok | [hɒdjokorlɒtok] |

| pânico (m) | pánik | [paːnik] |
| devastação (f) | pusztulás | [pustulaːʃ] |
| ruínas (f pl) | elpusztítás | [ɛlpustiːtaːʃ] |
| destruir (vt) | elpusztít | [ɛlpustiːt] |

| sobreviver (vi) | életben marad | [eːlɛtbɛn mɒrɒd] |
| desarmar (vt) | lefegyverez | [lɛfɛjvɛrɛz] |
| manusear (vt) | bánik | [baːnik] |

| Firmes! | Vigyázz! | [viɟaːzz] |
| Descansar! | Pihenj! | [pihɛɲ] |

| façanha (f) | hőstett | [høːʃtɛtt] |
| juramento (m) | eskü | [ɛʃky] |
| jurar (vi) | esküszik | [ɛʃkysik] |

| condecoração (f) | kitüntetés | [kityntɛteːʃ] |
| condecorar (vt) | kitüntet | [kityntɛt] |
| medalha (f) | érem | [eːrɛm] |
| ordem (f) | rendjel | [rɛɲjɛl] |

| vitória (f) | győzelem | [ɟøːzɛlɛm] |
| derrota (f) | vereség | [vɛrɛʃeːg] |
| armistício (m) | fegyverszünet | [fɛjvɛrsynɛt] |

| bandeira (f) | zászló | [zaːsloː] |
| glória (f) | dicsőség | [ditʃøːʃeːg] |
| desfile (m) militar | díszszemle | [diːssɛmlɛ] |
| marchar (vi) | menetel | [mɛnɛtɛl] |

## 114. Armas

| arma (f) | fegyver | [fɛjvɛr] |
| arma (f) de fogo | lőfegyver | [løːfɛjvɛr] |
| arma (f) branca | vágó és szúrófegyver | [vaːgo eːʃ suːroːfɛjvɛr] |

| arma (f) química | vegyifegyver | [vɛɟifɛjvɛr] |
| nuclear | nukleáris | [nuklɛaːriʃ] |
| arma (f) nuclear | nukleáris fegyver | [nuklɛaːriʃ fɛjvɛr] |

| bomba (f) | bomba | [bombɒ] |
| bomba (f) atómica | atombomba | [ɒtombombɒ] |

| pistola (f) | pisztoly | [pistoj] |
| caçadeira (f) | puska | [puʃkɒ] |

| pistola-metralhadora (f) | géppisztoly | [ge:ppistoj] |
| metralhadora (f) | géppuska | [ge:ppuʃkɒ] |

| boca (f) | cső | [tʃø:] |
| cano (m) | fegyvercső | [fɛɟvɛrtʃø:] |
| calibre (m) | kaliber | [kɒlibɛr] |

| gatilho (m) | ravasz | [rɒvɒs] |
| mira (f) | irányzék | [ira:ɲze:k] |

| carregador (m) | tár | [ta:r] |
| coronha (f) | puskatus | [puʃkɒtuʃ] |

| granada (f) de mão | gránát | [gra:na:t] |
| explosivo (m) | robbanóanyag | [robbɒno:ɒɲɒg] |

| bala (f) | golyó | [gojo:] |
| cartucho (m) | töltény | [tølte:ɲ] |

| carga (f) | töltet | [tøltɛt] |
| munições (f pl) | lőszer | [lø:sɛr] |

| bombardeiro (m) | bombázó | [bomba:zo:] |
| avião (m) de caça | vadászgép | [vɒda:sge:p] |
| helicóptero (m) | helikopter | [hɛlikoptɛr] |

| canhão (m) antiaéreo | légvédelmi ágyú | [le:gve:dɛlmi a:ɟu:] |
| tanque (m) | harckocsi | [hɒrtskotʃi] |
| canhão (de um tanque) | ágyú | [a:ɟu:] |

| artilharia (f) | tüzérség | [tyze:rʃe:g] |
| fazer a pontaria | céloz | [tse:loz] |

| obus (m) | lövedék | [løvɛde:k] |
| granada (f) de morteiro | akna | [ɒknɒ] |

| morteiro (m) | aknavető | [ɒknɒvɛtø:] |
| estilhaço (m) | szilánk | [sila:ŋk] |

| submarino (m) | tengeralattjáró | [tɛŋgɛrɒlɒttja:ro:] |
| torpedo (m) | torpedó | [torpɛdo:] |
| míssil (m) | rakéta | [rɒke:tɒ] |

| carregar (uma arma) | megtölt | [mɛgtølt] |
| atirar, disparar (vi) | lő | [lø:] |

| apontar para ... | céloz | [tse:loz] |
| baioneta (f) | szurony | [suroɲ] |

| espada (f) | párbajtőr | [pa:rbɒjtø:r] |
| sabre (m) | szablya | [sɒbjɒ] |
| lança (f) | dárda | [da:rdɒ] |
| arco (m) | íj | [i:j] |
| flecha (f) | nyíl | [ɲi:l] |
| mosquete (m) | muskéta | [muʃke:tɒ] |
| besta (f) | számszeríj | [sa:msɛri:j] |

### 115. Povos da antiguidade

| | | |
|---|---|---|
| primitivo | ősi | [ø:ʃi] |
| pré-histórico | történelem előtti | [tørte:nɛlɛm ɛlø:tti] |
| antigo | ősi | [ø:ʃi] |
| Idade (f) da Pedra | kőkorszak | [kø:korsɒk] |
| Idade (f) do Bronze | bronzkor | [bronskor] |
| período (m) glacial | jégkorszak | [je:gkorsɒk] |
| tribo (f) | törzs | [tørʒ] |
| canibal (m) | emberevő | [ɛmbɛrɛvø:] |
| caçador (m) | vadász | [vɒda:s] |
| caçar (vi) | vadászik | [vɒda:sik] |
| mamute (m) | mamut | [mɒmut] |
| caverna (f) | barlang | [bɒrlɒŋg] |
| fogo (m) | tűz | [ty:z] |
| fogueira (f) | tábortűz | [ta:borty:z] |
| pintura (f) rupestre | barlangrajz | [bɒrlɒŋg rɒjz] |
| ferramenta (f) | munkaeszköz | [muŋkɒɛskøz] |
| lança (f) | dárda | [da:rdɒ] |
| machado (m) de pedra | kőfejsze | [kø:fɛjsɛ] |
| guerrear (vt) | harcol | [hɒrtsol] |
| domesticar (vt) | szelídít | [sɛli:di:t] |
| ídolo (m) | bálvány | [ba:lva:ɲ] |
| adorar, venerar (vt) | imád | [ima:d] |
| superstição (f) | babona | [bɒbonɒ] |
| evolução (f) | fejlődés | [fɛjlø:de:ʃ] |
| desenvolvimento (m) | fejlődés | [fɛjlø:de:ʃ] |
| desaparecimento (m) | eltűnés | [ɛlty:ne:ʃ] |
| adaptar-se (vr) | alkalmazkodik | [ɒlkɒlmɒskodik] |
| arqueologia (f) | régészet | [re:ge:sɛt] |
| arqueólogo (m) | régész | [re:ge:s] |
| arqueológico | régészeti | [re:ge:sɛti] |
| local (m) das escavações | ásatások | [a:ʃota:ʃok] |
| escavações (f pl) | ásatások | [a:ʃota:ʃok] |
| achado (m) | lelet | [lɛlɛt] |
| fragmento (m) | töredék | [tørɛde:k] |

### 116. Idade média

| | | |
|---|---|---|
| povo (m) | nép | [ne:p] |
| povos (m pl) | népek | [ne:pɛk] |
| tribo (f) | törzs | [tørʒ] |
| tribos (f pl) | törzsek | [tørʒɛk] |
| bárbaros (m pl) | barbárok | [bɒrba:rok] |
| gauleses (m pl) | gallok | [gɒllok] |

| | | |
|---|---|---|
| godos (m pl) | gótok | [go:tok] |
| eslavos (m pl) | szlávok | [sla:vok] |
| víquingues (m pl) | vikingek | [vikiŋgɛk] |
| | | |
| romanos (m pl) | rómaiak | [ro:mɒjɒk] |
| romano | római | [ro:mɒi] |
| | | |
| bizantinos (m pl) | bizánciak | [biza:ntsiɒk] |
| Bizâncio | Bizánc | [biza:nts] |
| bizantino | bizánci | [biza:ntsi] |
| | | |
| imperador (m) | császár | [ʧa:sa:r] |
| líder (m) | törzsfőnök | [tørʒfø:nøk] |
| poderoso | hatalmas | [hɒtɒlmɒʃ] |
| rei (m) | király | [kira:j] |
| governante (m) | uralkodó | [urɒlkodo:] |
| | | |
| cavaleiro (m) | lovag | [lovɒg] |
| senhor feudal (m) | hűbérúr | [hy:be:ru:r] |
| feudal | hűbéri | [hy:be:ri] |
| vassalo (m) | hűbéres | [hy:be:rɛʃ] |
| | | |
| duque (m) | herceg | [hɛrtsɛg] |
| conde (m) | gróf | [gro:f] |
| barão (m) | báró | [ba:ro:] |
| bispo (m) | püspök | [pyʃpøk] |
| | | |
| armadura (f) | fegyverzet | [fɛɟvɛrzɛt] |
| escudo (m) | pajzs | [pɒjʒ] |
| espada (f) | kard | [kɒrd] |
| viseira (f) | sisakrostély | [ʃiʃɒkroʃte:j] |
| cota (f) de malha | páncéling | [pa:ntse:liŋg] |
| | | |
| cruzada (f) | keresztes hadjárat | [kɛrɛstɛʃ hɒdja:rɒt] |
| cruzado (m) | keresztes lovag | [kɛrɛstɛʃ lovɒg] |
| | | |
| território (m) | terület | [tɛrylɛt] |
| atacar (vt) | támad | [ta:mɒd] |
| conquistar (vt) | meghódít | [mɛgho:di:t] |
| ocupar, invadir (vt) | meghódít | [mɛgho:di:t] |
| | | |
| assédio, sítio (m) | ostrom | [oʃtrom] |
| sitiado | ostromolt | [oʃtromolt] |
| assediar, sitiar (vt) | ostromol | [oʃtromol] |
| | | |
| inquisição (f) | inkvizíció | [iŋkvizi:tsio:] |
| inquisidor (m) | inkvizítor | [iŋkvizi:tor] |
| tortura (f) | kínvallatás | [ki:nvɒllɒta:ʃ] |
| cruel | kegyetlen | [kɛɟɛtlɛn] |
| herege (m) | eretnek | [ɛrɛtnɛk] |
| heresia (f) | eretnekség | [ɛrɛtnɛkʃe:g] |
| | | |
| navegação (f) marítima | tengerhajózás | [tɛŋgɛr hɒjo:za:ʃ] |
| pirata (m) | kalóz | [kɒlo:z] |
| pirataria (f) | kalózság | [kɒlo:zʃa:g] |
| abordagem (f) | csáklyázás | [ʧa:kja:za:ʃ] |

T&P Books. Vocabulário Português-Húngaro - 5000 palavras

| | | |
|---|---|---|
| presa (f), butim (m) | zsákmány | [ʒaːkmaːɲ] |
| tesouros (m pl) | kincsek | [kintʃɛk] |
| descobrimento (m) | felfedezés | [fɛlfɛdɛzeːʃ] |
| descobrir (novas terras) | felfedez | [fɛlfɛdɛz] |
| expedição (f) | kutatóút | [kutɒtoːuːt] |
| mosqueteiro (m) | muskétás | [muʃkeːtaːʃ] |
| cardeal (m) | bíboros | [biːborɒʃ] |
| heráldica (f) | címertan | [tsiːmɛrtɒn] |
| heráldico | címertani | [tsiːmɛrtɒni] |

## 117. Líder. Chefe. Autoridades

| | | |
|---|---|---|
| rei (m) | király | [kiraːj] |
| rainha (f) | királynő | [kiraːjnøː] |
| real | királyi | [kiraːji] |
| reino (m) | királyság | [kiraːjʃaːg] |
| príncipe (m) | herceg | [hɛrtsɛg] |
| princesa (f) | hercegnő | [hɛrtsɛgnøː] |
| presidente (m) | elnök | [ɛlnøk] |
| vice-presidente (m) | alelnök | [ɒlɛlnøk] |
| senador (m) | szenátor | [sɛnaːtor] |
| monarca (m) | egyeduralkodó | [ɛɟɛɟurɒlkodoː] |
| governante (m) | uralkodó | [urɒlkodoː] |
| ditador (m) | diktátor | [diktaːtor] |
| tirano (m) | zsarnok | [ʒɒrnok] |
| magnata (m) | mágnás | [maːgnaːʃ] |
| diretor (m) | igazgató | [igɒzgɒtoː] |
| chefe (m) | főnök | [føːnøk] |
| dirigente (m) | vezető | [vɛzɛtøː] |
| patrão (m) | főnök | [føːnøk] |
| dono (m) | tulajdonos | [tulɒjdonoʃ] |
| chefe (~ de delegação) | vezető | [vɛzɛtøː] |
| autoridades (f pl) | hatóságok | [hɒtoːʃaːgok] |
| superiores (m pl) | vezetőség | [vɛzɛtøːʃeːg] |
| governador (m) | kormányzó | [kormaːɲzoː] |
| cônsul (m) | konzul | [konzul] |
| diplomata (m) | diplomata | [diplomɒtɒ] |
| Presidente (m) da Câmara | polgármester | [polgaːrmɛʃtɛr] |
| xerife (m) | seriff | [ʃɛriff] |
| imperador (m) | császár | [tʃaːsaːr] |
| czar (m) | cár | [tsaːr] |
| faraó (m) | fáraó | [faːrɒoː] |
| cã (m) | kán | [kaːn] |

## 118. Viloação da lei. Criminosos. Parte 1

| | | |
|---|---|---|
| bandido (m) | bandita | [bɒnditɒ] |
| crime (m) | bűntett | [byːntɛtt] |
| criminoso (m) | bűnöző | [byːnøzøː] |

| | | |
|---|---|---|
| ladrão (m) | tolvaj | [tolvɒj] |
| roubar (vt) | lop | [lop] |
| furto, roubo (m) | lopás | [lopaːʃ] |

| | | |
|---|---|---|
| raptar (ex. ~ uma criança) | elrabol | [ɛlrɒbol] |
| rapto (m) | elrablás | [ɛlrɒblaːʃ] |
| raptor (m) | elrabló | [ɛlrɒbloː] |

| | | |
|---|---|---|
| resgate (m) | váltságdíj | [vaːltʃaːgdiːj] |
| pedir resgate | váltságdíjat követel | [vaːltʃaːgdiːjɒt køvɛtɛl] |

| | | |
|---|---|---|
| roubar (vt) | kirabol | [kirɒbol] |
| assaltante (m) | rabló | [rɒbloː] |

| | | |
|---|---|---|
| extorquir (vt) | kizsarol | [kiʒɒrol] |
| extorsionário (m) | zsaroló | [ʒɒroloː] |
| extorsão (f) | zsarolás | [ʒɒrolaːʃ] |

| | | |
|---|---|---|
| matar, assassinar (vt) | megöl | [mɛgøl] |
| homicídio (m) | gyilkosság | [ɟilkoʃaːg] |
| homicida, assassino (m) | gyilkos | [ɟilkoʃ] |

| | | |
|---|---|---|
| tiro (m) | lövés | [løveːʃ] |
| dar um tiro | lő | [løː] |
| matar a tiro | agyonlő | [ɒɟønløː] |
| atirar, disparar (vi) | tüzel | [tyzɛl] |
| tiroteio (m) | tüzelés | [tyzɛleːʃ] |

| | | |
|---|---|---|
| incidente (m) | eset | [ɛʃɛt] |
| briga (~ de rua) | verekedés | [vɛrɛkɛdeːʃ] |
| Socorro! | Segítség! | [ʃɛgiːtʃeːg] |
| vítima (f) | áldozat | [aːldozɒt] |

| | | |
|---|---|---|
| danificar (vt) | megrongál | [mɛgroŋgaːl] |
| dano (m) | kár | [kaːr] |
| cadáver (m) | hulla | [hullɒ] |
| grave | súlyos | [ʃuːjoʃ] |

| | | |
|---|---|---|
| atacar (vt) | támad | [taːmɒd] |
| bater (espancar) | üt | [yt] |
| espancar (vt) | megver | [mɛgvɛr] |
| tirar, roubar (dinheiro) | elvesz | [ɛlvɛs] |
| esfaquear (vt) | levág | [lɛvaːg] |
| mutilar (vt) | megcsonkít | [mɛgtʃoŋkiːt] |
| ferir (vt) | megsebez | [mɛgʃɛbɛz] |

| | | |
|---|---|---|
| chantagem (f) | zsarolás | [ʒɒrolaːʃ] |
| chantagear (vt) | zsarol | [ʒɒrol] |
| chantagista (m) | zsaroló | [ʒɒroloː] |

| | | |
|---|---|---|
| extorsão (em troca de proteção) | védelmi pénz zsarolása | [veːdɛlmi peːnz ʒɒrolaːʃɒ] |
| extorsionário (m) | védelmi pénz beszedője | [veːdɛlmi peːnz bɛsɛdøːjɛ] |
| gângster (m) | gengszter | [gɛŋgstɛr] |
| máfia (f) | maffia | [mɒffiɒ] |

| | | |
|---|---|---|
| carteirista (m) | zsebtolvaj | [ʒɛptolvɒj] |
| assaltante, ladrão (m) | betörő | [bɛtørøː] |
| contrabando (m) | csempészés | [tʃɛmpeːseːʃ] |
| contrabandista (m) | csempész | [tʃɛmpeːs] |

| | | |
|---|---|---|
| falsificação (f) | hamisítás | [hɒmiʃiːtaːʃ] |
| falsificar (vt) | hamisít | [hɒmiʃiːt] |
| falsificado | hamisított | [hɒmiʃiːtott] |

### 119. Viloação da lei. Criminosos. Parte 2

| | | |
|---|---|---|
| violação (f) | erőszakolás | [ɛrøːsɒkolaːʃ] |
| violar (vt) | erőszakol | [ɛrøːsɒkol] |
| violador (m) | erőszakos | [ɛrøːsɒkoʃ] |
| maníaco (m) | megszállott | [mɛksaːllott] |

| | | |
|---|---|---|
| prostituta (f) | prostituált nő | [proʃtituaːlt nøː] |
| prostituição (f) | prostitúció | [proʃtituːtsioː] |
| chulo (m) | strici | [ʃtritsi] |

| | | |
|---|---|---|
| toxicodependente (m) | narkós | [nɒrkoːʃ] |
| traficante (m) | kábítószerkereskedő | [kaːbiːtoːsɛrkɛrɛʃkɛdø] |

| | | |
|---|---|---|
| explodir (vt) | felrobbant | [fɛlrobbɒnt] |
| explosão (f) | robbanás | [robbɒnaːʃ] |
| incendiar (vt) | felgyújt | [fɛlɟuːjt] |
| incendiário (m) | gyújtogató | [ɟuːjtogɒtoː] |

| | | |
|---|---|---|
| terrorismo (m) | terrorizmus | [tɛrrorizmuʃ] |
| terrorista (m) | terrorista | [tɛrroriʃtɒ] |
| refém (m) | túsz | [tuːs] |

| | | |
|---|---|---|
| enganar (vt) | megcsal | [mɛgtʃɒl] |
| engano (m) | csalás | [tʃɒlaːʃ] |
| vigarista (m) | csaló | [tʃɒloː] |

| | | |
|---|---|---|
| subornar (vt) | megveszteget | [mɛgvɛstɛgɛt] |
| suborno (atividade) | megvesztegetés | [mɛgvɛstɛgɛteːʃ] |
| suborno (dinheiro) | csúszópénz | [tʃuːsoːpeːnz] |

| | | |
|---|---|---|
| veneno (m) | méreg | [meːrɛg] |
| envenenar (vt) | megmérgez | [mɛgmeːrgɛz] |
| envenenar-se (vr) | megmérgezi magát | [mɛgmeːrgɛzi mɒgaːt] |

| | | |
|---|---|---|
| suicídio (m) | öngyilkosság | [øɲɟilkoʃaːg] |
| suicida (m) | öngyilkos | [øɲɟilkoʃ] |
| ameaçar (vt) | fenyeget | [fɛnɛgɛt] |
| ameaça (f) | fenyegetés | [fɛnɛgɛteːʃ] |

| | | |
|---|---|---|
| atentar contra a vida de ... | megkísért | [mɛkki:ʃe:rt] |
| atentado (m) | merénylet | [mɛre:ɲlɛt] |
| roubar (o carro) | ellop | [ɛllop] |
| desviar (o avião) | eltérít | [ɛlte:ri:t] |
| vingança (f) | bosszú | [bossu:] |
| vingar (vt) | megbosszul | [mɛgbossul] |
| torturar (vt) | kínoz | [ki:noz] |
| tortura (f) | kínvallatás | [ki:nvɒllɒta:ʃ] |
| atormentar (vt) | gyötör | [ɟøtør] |
| pirata (m) | kalóz | [kɒlo:z] |
| desordeiro (m) | huligán | [huliga:n] |
| armado | fegyveres | [fɛɟvɛrɛʃ] |
| violência (f) | erőszak | [ɛrø:sɒk] |
| espionagem (f) | kémkedés | [ke:mkɛde:ʃ] |
| espionar (vi) | kémkedik | [ke:mkɛdik] |

## 120. Polícia. Lei. Parte 1

| | | |
|---|---|---|
| justiça (f) | igazságügy | [igɒʃa:gyɟ] |
| tribunal (m) | bíróság | [bi:ro:ʃa:g] |
| juiz (m) | bíró | [bi:ro:] |
| jurados (m pl) | esküdtek | [ɛʃkyttɛk] |
| tribunal (m) do júri | esküdtbíróság | [ɛʃkyttbi:ro:ʃa:g] |
| julgar (vt) | elítél | [ɛli:te:l] |
| advogado (m) | ügyvéd | [yɟve:d] |
| réu (m) | vádlott | [va:dlott] |
| banco (m) dos réus | vádlottak padja | [va:dlottɒk pɒɟɒ] |
| acusação (f) | vád | [va:d] |
| acusado (m) | vádlott | [va:dlott] |
| sentença (f) | ítélet | [i:te:lɛt] |
| sentenciar (vt) | elítél | [ɛli:te:l] |
| culpado (m) | bűnös | [by:nøʃ] |
| punir (vt) | büntet | [byntɛt] |
| punição (f) | büntetés | [byntɛte:ʃ] |
| multa (f) | pénzbüntetés | [pe:nzbyntɛte:ʃ] |
| pena (f) de morte | halálbüntetés | [hɒla:lbyntɛte:ʃ] |
| cadeira (f) elétrica | villamosszék | [villɒmoʃse:k] |
| forca (f) | akasztófa | [ɒkɒsto:fɒ] |
| executar (vt) | kivégez | [kive:gɛz] |
| execução (f) | kivégzés | [kive:gze:ʃ] |
| prisão (f) | börtön | [børtøn] |
| cela (f) de prisão | cella | [tsɛllɒ] |

| | | |
|---|---|---|
| escolta (f) | őrkíséret | [ø:rki:ʃe:rɛt] |
| guarda (m) prisional | börtönőr | [børtønø:r] |
| preso (m) | fogoly | [fogoj] |
| | | |
| algemas (f pl) | kézbilincs | [ke:zbilintʃ] |
| algemar (vt) | megbilincsel | [mɛgbilintʃɛl] |
| | | |
| fuga, evasão (f) | szökés | [søke:ʃ] |
| fugir (vi) | megszökik | [mɛgsøkik] |
| desaparecer (vi) | eltűnik | [ɛlty:nik] |
| soltar, libertar (vt) | megszabadít | [mɛgsɒbɒdi:t] |
| amnistia (f) | közkegyelem | [køskɛɟɛlɛm] |
| | | |
| polícia (instituição) | rendőrség | [rɛndø:rʃe:g] |
| polícia (m) | rendőr | [rɛndø:r] |
| esquadra (f) de polícia | rendőrőrszoba | [rɛndø:rø:rsobɒ] |
| cassetete (m) | gumibot | [gumibot] |
| megafone (m) | hangtölcsér | [hɒŋg tøltʃe:r] |
| | | |
| carro (m) de patrulha | járőrszolgálat | [ja:rø:r solga:lɒt] |
| sirene (f) | sziréna | [sire:na] |
| ligar a sirene | bekapcsolja a szirénát | [bɛkɒptʃojɒ ɒ sire:na:t] |
| toque (m) da sirene | szirénahang | [sire:nɒhɒŋg] |
| | | |
| cena (f) do crime | helyszín | [hɛjsi:n] |
| testemunha (f) | tanú | [tɒnu:] |
| liberdade (f) | szabadság | [sɒbɒdʃa:g] |
| cúmplice (m) | bűntárs | [by:nta:rʃ] |
| escapar (vi) | elbújik | [ɛlbu:jik] |
| traço (não deixar ~s) | nyom | [ɲom] |

### 121. Polícia. Lei. Parte 2

| | | |
|---|---|---|
| procura (f) | körözés | [køroze:ʃ] |
| procurar (vt) | keres | [kɛrɛʃ] |
| suspeita (f) | gyanú | [ɟonu:] |
| suspeito | gyanús | [ɟonu:ʃ] |
| parar (vt) | megállít | [mɛga:lli:t] |
| deter (vt) | letartóztat | [lɛtɒrto:ztɒt] |
| | | |
| caso (criminal) | ügy | [yɟ] |
| investigação (f) | vizsgálat | [viʒga:lɒt] |
| detetive (m) | nyomozó | [ɲomozo:] |
| investigador (m) | vizsgáló | [viʒga:lo:] |
| versão (f) | verzió | [vɛrzio:] |
| | | |
| motivo (m) | indok | [indok] |
| interrogatório (m) | vallatás | [vɒllɒta:ʃ] |
| interrogar (vt) | vallat | [vɒllɒt] |
| questionar (vt) | kikérdez | [kike:rdɛz] |
| verificação (f) | ellenőrzés | [ɛllɛnø:rze:ʃ] |
| | | |
| batida (f) policial | razzia | [rɒzziɒ] |
| busca (f) | átkutatás | [a:tkutɒta:ʃ] |

| | | |
|---|---|---|
| perseguição (f) | üldözés | [yldøze:ʃ] |
| perseguir (vt) | üldöz | [yldøz] |
| seguir (vt) | követ | [køvɛt] |
| | | |
| prisão (f) | letartóztatás | [lɛtɒrto:ztɒta:ʃ] |
| prender (vt) | letartóztat | [lɛtɒrto:ztɒt] |
| pegar, capturar (vt) | elfog | [ɛlfog] |
| captura (f) | elfogás | [ɛlfoga:ʃ] |
| | | |
| documento (m) | irat | [irɒt] |
| prova (f) | bizonyíték | [bizoni:te:k] |
| provar (vt) | bebizonyít | [bɛbizoni:t] |
| pegada (f) | nyom | [ɲom] |
| impressões (f pl) digitais | ujjlenyomat | [ujjlɛnømɒt] |
| prova (f) | bizonyíték | [bizoni:te:k] |
| | | |
| álibi (m) | alibi | [ɒlibi] |
| inocente | ártatlan | [a:rtɒtlɒn] |
| injustiça (f) | igazságtalanság | [igɒʃa:gtɒlɒnʃa:g] |
| injusto | igazságtalan | [igɒʃa:gtɒlɒn] |
| | | |
| criminal | krimi | [krimi] |
| confiscar (vt) | elkoboz | [ɛlkoboz] |
| droga (f) | kábítószer | [ka:bi:to:sɛr] |
| arma (f) | fegyver | [fɛɟvɛr] |
| desarmar (vt) | lefegyverez | [lɛfɛɟvɛrɛz] |
| ordenar (vt) | parancsol | [pɒrɒntʃol] |
| desaparecer (vi) | eltűnik | [ɛlty:nik] |
| | | |
| lei (f) | törvény | [tørve:ɲ] |
| legal | törvényes | [tørve:nɛʃ] |
| ilegal | törvénytelen | [tørve:ɲtɛlɛn] |
| | | |
| responsabilidade (f) | felelősség | [fɛlɛlø:ʃe:g] |
| responsável | felelős | [fɛlɛlø:ʃ] |

# NATUREZA

## A Terra. Parte 1

### 122. Espaço sideral

| | | |
|---|---|---|
| cosmos (m) | világűr | [vilaːgyːr] |
| cósmico | űr | [yːr] |
| espaço (m) cósmico | világűr | [vilaːgyːr] |
| | | |
| mundo (m) | világmindenség | [vilaːg mindɛnʃeːg] |
| universo (m) | világegyetem | [vilaːgɛɟɛtɛm] |
| galáxia (f) | galaxis | [gɒlɒksis] |
| | | |
| estrela (f) | csillag | [ʧillɒg] |
| constelação (f) | csillagzat | [ʧillɒgzɒt] |
| planeta (m) | bolygó | [bojgoː] |
| satélite (m) | műhold | [myːhold] |
| | | |
| meteorito (m) | meteorit | [mɛtɛorit] |
| cometa (m) | üstökös | [yʃtøkøʃ] |
| asteroide (m) | aszteroida | [ɒstɛroidɒ] |
| | | |
| órbita (f) | égitest pályája | [eːgitɛʃt paːjaːjɒ] |
| girar (vi) | kering | [kɛriŋg] |
| atmosfera (f) | légkör | [leːgkør] |
| | | |
| Sol (m) | a Nap | [ɒ nɒp] |
| Sistema (m) Solar | naprendszer | [nɒprɛndsɛr] |
| eclipse (m) solar | napfogyatkozás | [nɒpfojɒtkozaːʃ] |
| | | |
| Terra (f) | a Föld | [ɒ føld] |
| Lua (f) | a Hold | [ɒ hold] |
| | | |
| Marte (m) | Mars | [mɒrʃ] |
| Vénus (f) | Vénusz | [veːnus] |
| Júpiter (m) | Jupiter | [jupitɛr] |
| Saturno (m) | Szaturnusz | [sɒturnus] |
| | | |
| Mercúrio (m) | Merkúr | [mɛrkur] |
| Urano (m) | Uranus | [urɒnuʃ] |
| Neptuno (m) | Neptunusz | [nɛptunus] |
| Plutão (m) | Plútó | [pluːtoː] |
| | | |
| Via Láctea (f) | Tejút | [tɛjuːt] |
| Ursa Maior (f) | Göncölszekér | [gøntsølsɛkeːr] |
| Estrela Polar (f) | Sarkcsillag | [ʃɒrkʧillɒg] |
| marciano (m) | marslakó | [mɒrʃlɒkoː] |
| extraterrestre (m) | földönkívüli | [føldøŋkiːvyli] |

| alienígena (m) | űrlény | [yːrleːɲ] |
| disco (m) voador | ufó | [ufoː] |

| nave (f) espacial | űrhajó | [yːrhɒjoː] |
| estação (f) orbital | orbitális űrállomás | [orbitaːliʃ yːraːllomaːʃ] |
| lançamento (m) | rajt | [rɒjt] |

| motor (m) | hajtómű | [hɒjtoːmyː] |
| bocal (m) | fúvóka | [fuːvoːkɒ] |
| combustível (m) | fűtőanyag | [fyːtøːɒɲɒg] |

| cabine (f) | fülke | [fylkɛ] |
| antena (f) | antenna | [ɒntɛnnɒ] |
| vigia (f) | hajóablak | [hɒjoːɒblɒk] |
| bateria (f) solar | napelem | [nɒpɛlɛm] |
| traje (m) espacial | űrhajósruha | [yːrhɒjoːʃ ruhɒ] |

| imponderabilidade (f) | súlytalanság | [ʃuːjtɒlɒnʃaːg] |
| oxigénio (m) | oxigén | [oksigeːn] |

| acoplagem (f) | összekapcsolás | [øssɛkɒptʃolaːʃ] |
| fazer uma acoplagem | összekapcsol | [øssɛkɒptʃol] |

| observatório (m) | csillagvizsgáló | [tʃillɒgviʒgaːloː] |
| telescópio (m) | távcső | [taːvtʃøː] |
| observar (vt) | figyel | [fiɟɛl] |
| explorar (vt) | kutat | [kutɒt] |

## 123. A Terra

| Terra (f) | a Föld | [ɒ føld] |
| globo terrestre (Terra) | földgolyó | [føldgojoː] |
| planeta (m) | bolygó | [bojgoː] |

| atmosfera (f) | légkör | [leːgkør] |
| geografia (f) | földrajz | [føldrɒjz] |
| natureza (f) | természet | [tɛrmeːsɛt] |

| globo (mapa esférico) | földgömb | [føldgomb] |
| mapa (m) | térkép | [teːrkeːp] |
| atlas (m) | atlasz | [ɒtlɒs] |

| Europa (f) | Európa | [ɛuroːpɒ] |
| Ásia (f) | Ázsia | [aːʒiɒ] |

| África (f) | Afrika | [ɒfrikɒ] |
| Austrália (f) | Ausztrália | [ɒustraːliɒ] |

| América (f) | Amerika | [ɒmɛrikɒ] |
| América (f) do Norte | ÉszakAmerika | [eːsɒkɒmɛrikɒ] |
| América (f) do Sul | DélAmerika | [deːlɒmɛrikɒ] |

| Antártida (f) | Antarktisz | [ɒntɒrktis] |
| Ártico (m) | Arktisz | [ɒrktis] |

## 124. Pontos cardeais

| | | |
|---|---|---|
| norte (m) | észak | [eːsɒk] |
| para norte | északra | [eːsɒkrɒ] |
| no norte | északon | [eːsɒkon] |
| do norte | északi | [eːsɒki] |
| | | |
| sul (m) | dél | [deːl] |
| para sul | délre | [deːlrɛ] |
| no sul | délen | [deːlɛn] |
| do sul | déli | [deːli] |
| | | |
| oeste, ocidente (m) | nyugat | [ɲugɒt] |
| para oeste | nyugatra | [ɲugɒtrɒ] |
| no oeste | nyugaton | [ɲugɒton] |
| ocidental | nyugati | [ɲugɒti] |
| | | |
| leste, oriente (m) | kelet | [kɛlɛt] |
| para leste | keletre | [kɛlɛtrɛ] |
| no leste | keleten | [kɛlɛtɛn] |
| oriental | keleti | [kɛlɛti] |

## 125. Mar. Oceano

| | | |
|---|---|---|
| mar (m) | tenger | [tɛŋgɛr] |
| oceano (m) | óceán | [oːtsɛaːn] |
| golfo (m) | öböl | [øbøl] |
| estreito (m) | tengerszoros | [tɛŋgɛrsoroʃ] |
| | | |
| continente (m) | földrész | [føldreːs] |
| ilha (f) | sziget | [sigɛt] |
| península (f) | félsziget | [feːlsigɛt] |
| arquipélago (m) | szigetcsoport | [sigɛttʃoport] |
| | | |
| baía (f) | öböl | [øbøl] |
| porto (m) | rév | [reːv] |
| lagoa (f) | lagúna | [lɒguːnɒ] |
| cabo (m) | fok | [fok] |
| | | |
| atol (m) | atoll | [ɒtoll] |
| recife (m) | szirt | [sirt] |
| coral (m) | korall | [korɒll] |
| recife (m) de coral | korallszirt | [korɒllsirt] |
| | | |
| profundo | mély | [meːj] |
| profundidade (f) | mélység | [meːjʃeːg] |
| abismo (m) | abisszikus | [abissikus] |
| fossa (f) oceânica | mélyedés | [meːjɛdeːʃ] |
| | | |
| corrente (f) | folyás | [fojaːʃ] |
| banhar (vt) | körülvesz | [kørylvɛs] |
| litoral (m) | part | [pɒrt] |
| costa (f) | part | [pɒrt] |

| maré (f) alta | dagály | [dɒgaːj] |
| refluxo (m), maré (f) baixa | apály | [ɒpaːj] |
| restinga (f) | zátony | [zaːtoɲ] |
| fundo (m) | alj | [ɒj] |

| onda (f) | hullám | [hullaːm] |
| crista (f) da onda | taraj | [tɒrɒj] |
| espuma (f) | hab | [hɒb] |

| tempestade (f) | vihar | [vihɒr] |
| furacão (m) | orkán | [orkaːn] |
| tsunami (m) | szökőár | [søkøːaːr] |
| calmaria (f) | szélcsend | [seːltʃɛnd] |
| calmo | csendes | [tʃɛndɛʃ] |

| polo (m) | sark | [ʃɒrk] |
| polar | sarki | [ʃɒrki] |

| latitude (f) | szélesség | [seːlɛʃeːg] |
| longitude (f) | hosszúság | [hossuːʃaːg] |
| paralela (f) | szélességi kör | [seːlɛʃeːgi kør] |
| equador (m) | egyenlítő | [ɛɟɛnliːtøː] |

| céu (m) | ég | [eːg] |
| horizonte (m) | látóhatár | [laːtoːhɒtaːr] |
| ar (m) | levegő | [lɛvɛgøː] |

| farol (m) | világítótorony | [vilaːgiːtoːtoroɲ] |
| mergulhar (vi) | lemerül | [lɛmɛryl] |
| afundar-se (vr) | elsüllyed | [ɛlʃyjːɛd] |
| tesouros (m pl) | kincsek | [kintʃɛk] |

### 126. Nomes de Mares e Oceanos

| Oceano (m) Atlântico | Atlantióceán | [ɒtlɒntioːtsɛaːn] |
| Oceano (m) Índico | Indiaióceán | [indiɒioːtsɛaːn] |
| Oceano (m) Pacífico | Csendesóceán | [tʃɛndɛʃoːtsɛaːn] |
| Oceano (m) Ártico | Északisarkióceán | [eːsɒkiʃɒrkioːtsɛaːn] |

| Mar (m) Negro | Feketetenger | [fɛkɛtɛtɛŋgɛr] |
| Mar (m) Vermelho | Vöröstenger | [vørøʃtɛŋgɛr] |
| Mar (m) Amarelo | Sárgatenger | [ʃaːrgɒtɛŋgɛr] |
| Mar (m) Branco | Fehértenger | [fɛheːrtɛŋgɛr] |

| Mar (m) Cáspio | Kaszpitenger | [kɒspitɛŋgɛr] |
| Mar (m) Morto | Holttenger | [holttɛŋgɛr] |
| Mar (m) Mediterrâneo | Földközitenger | [føldkøzitɛŋgɛr] |

| Mar (m) Egeu | Égeitenger | [eːgɛitɛŋgɛr] |
| Mar (m) Adriático | Adriaitenger | [ɒdriɒitɛŋgɛr] |

| Mar (m) Arábico | Arabtenger | [ɒrɒbtɛŋgɛr] |
| Mar (m) do Japão | Japántenger | [jɒpaːntɛŋgɛr] |
| Mar (m) de Bering | Beringtenger | [bɛriŋtɛŋgɛr] |

Mar (m) da China Meridional | Délkínaitenger | [deːlkiːnɒitɛŋgɛr]
Mar (m) de Coral | Koralltenger | [korɒlltɛŋgɛr]
Mar (m) de Tasman | Tasmántenger | [tɒsmaːntɛŋgɛr]
Mar (m) do Caribe | Karibtenger | [kɒribtɛŋgɛr]

Mar (m) de Barents | Barentstenger | [bɒrɛntʃtɛŋgɛr]
Mar (m) de Kara | Karatenger | [kɒrɒtɛŋgɛr]

Mar (m) do Norte | Északitenger | [eːsɒkitɛŋgɛr]
Mar (m) Báltico | Baltitenger | [bɒltitɛŋgɛr]
Mar (m) da Noruega | Norvégtenger | [norveːgtɛŋgɛr]

## 127. Montanhas

montanha (f) | hegy | [hɛɟ]
cordilheira (f) | hegylánc | [hɛɟlaːnts]
serra (f) | hegygerinc | [hɛɟgɛrints]

cume (m) | csúcs | [tʃuːtʃ]
pico (m) | hegyfok | [hɛɟfok]
sopé (m) | láb | [laːb]
declive (m) | lejtő | [lɛjtøː]

vulcão (m) | vulkán | [vulkaːn]
vulcão (m) ativo | működő vulkán | [mykødøː vulkaːn]
vulcão (m) extinto | kialudt vulkán | [kiɒlutt vulkaːn]

erupção (f) | kitörés | [kitøreːʃ]
cratera (f) | vulkántölcsér | [vulkaːntøltʃeːr]
magma (m) | magma | [mɒgmɒ]
lava (f) | láva | [laːvɒ]
fundido (lava ~a) | izzó | [izzoː]
desfiladeiro (m) | kanyon | [kɒɲon]
garganta (f) | hegyszoros | [hɛɟsoroʃ]
fenda (f) | hasadék | [hɒʃɒdeːk]

passo, colo (m) | hágó | [haːgoː]
planalto (m) | fennsík | [fɛnnʃiːk]
falésia (f) | szikla | [siklɒ]
colina (f) | domb | [domb]

glaciar (m) | gleccser | [glɛtʃɛr]
queda (f) d'água | vízesés | [viːzɛʃeːʃ]
géiser (m) | szökőforrás | [søkøːforraːʃ]
lago (m) | tó | [toː]

planície (f) | síkság | [ʃiːkʃaːg]
paisagem (f) | táj | [taːj]
eco (m) | visszhang | [visshɒŋg]

alpinista (m) | alpinista | [ɒlpiniʃtɒ]
escalador (m) | sziklamászó | [siklɒ maːsoː]
conquistar (vt) | meghódít | [mɛghoːdiːt]
subida, escalada (f) | megmászás | [mɛgmaːsaːʃ]

## 128. Nomes de montanhas

| Alpes (m pl) | Alpok | [ɒlpok] |
| monte Branco (m) | Mont Blanc | [mont blɒn] |
| Pirineus (m pl) | Pireneusok | [pirɛnɛuʃok] |

| Cárpatos (m pl) | Kárpátok | [ka:rpa:tok] |
| montes (m pl) Urais | Urál hegység | [ura:l hɛɟʃe:g] |
| Cáucaso (m) | Kaukázus | [kɒuka:zuʃ] |
| Elbrus (m) | Elbrusz | [ɛlbrus] |

| Altai (m) | Altaj hegység | [ɒltoj hɛɟʃe:g] |
| Tian Shan (m) | Tiensan | [tjanʃan] |
| Pamir (m) | Pamír | [pɒmi:r] |
| Himalaias (m pl) | Himalája | [himɒla:jɒ] |
| monte (m) Everest | Everest | [ɛvɛrɛst] |

| Cordilheira (f) dos Andes | Andok | [ɒndok] |
| Kilimanjaro (m) | Kilimandzsáró | [kilimɒndʒa:ro:] |

## 129. Rios

| rio (m) | folyó | [fojo:] |
| fonte, nascente (f) | forrás | [forra:ʃ] |
| leito (m) do rio | meder | [mɛdɛr] |
| bacia (f) | medence | [mɛdɛntsɛ] |
| desaguar no ... | befolyik | [bɛfojik] |

| afluente (m) | mellékfolyó | [mɛlle:kfojo:] |
| margem (do rio) | part | [pɒrt] |

| corrente (f) | folyás | [foja:ʃ] |
| rio abaixo | folyón lefelé | [fojo:n lɛfɛle:] |
| rio acima | folyón fölfelé | [fojo:n følfɛle:] |

| inundação (f) | árvíz | [a:rvi:z] |
| cheia (f) | áradás | [a:rɒda:ʃ] |
| transbordar (vi) | kiárad | [kia:rɒd] |
| inundar (vt) | eláraszt | [ɛla:rɒst] |

| banco (m) de areia | zátony | [za:toɲ] |
| rápidos (m pl) | zuhogó | [zuhogo:] |

| barragem (f) | gát | [ga:t] |
| canal (m) | csatorna | [tʃɒtornɒ] |
| reservatório (m) de água | víztároló | [vi:zta:rolo:] |
| eclusa (f) | zsilip | [ʒilip] |

| corpo (m) de água | vizek | [vizɛk] |
| pântano (m) | mocsár | [motʃa:r] |
| tremedal (m) | ingovány | [iŋgova:ɲ] |
| remoinho (m) | forgatag | [forgɒtɒg] |
| arroio, regato (m) | patak | [pɒtɒk] |

| potável | iható | [ihɒtoː] |
| doce (água) | édesvízi | [eːdɛʃviːzi] |

| gelo (m) | jég | [jeːg] |
| congelar-se (vr) | befagy | [bɛfɒɟ] |

## 130. Nomes de rios

| rio Sena (m) | Szajna | [sɒjnɒ] |
| rio Loire (m) | Loire | [luɒr] |

| rio Tamisa (m) | Temze | [tɛmzɛ] |
| rio Reno (m) | Rajna | [rɒjnɒ] |
| rio Danúbio (m) | Duna | [dunɒ] |

| rio Volga (m) | Volga | [volgɒ] |
| rio Don (m) | Don | [don] |
| rio Lena (m) | Léna | [leːnɒ] |

| rio Amarelo (m) | Sárgafolyó | [ʃaːrgɒfojoː] |
| rio Yangtzé (m) | Jangce | [jɒŋgtsɛ] |
| rio Mekong (m) | Mekong | [mɛkoŋg] |
| rio Ganges (m) | Gangesz | [gɒŋgɛs] |

| rio Nilo (m) | Nílus | [niːluʃ] |
| rio Congo (m) | Kongó | [koŋgoː] |
| rio Cubango (m) | Okavango | [okɒvɒŋgo] |
| rio Zambeze (m) | Zambézi | [zɒmbeːzi] |
| rio Limpopo (m) | Limpopo | [limpopo] |
| rio Mississípi (m) | Mississippi | [mississippi] |

## 131. Floresta

| floresta (f), bosque (m) | erdő | [ɛrdøː] |
| florestal | erdő | [ɛrdøː] |

| mata (f) cerrada | sűrűség | [ʃyːryːʃeːg] |
| arvoredo (m) | erdőcske | [ɛrdøːtʃkɛ] |
| clareira (f) | tisztás | [tistaːʃ] |

| matagal (m) | bozót | [bozoːt] |
| mato (m) | cserje | [tʃɛrjɛ] |

| vereda (f) | gyalogút | [ɟologuːt] |
| ravina (f) | vízmosás | [viːzmoʃaːʃ] |

| árvore (f) | fa | [fɒ] |
| folha (f) | levél | [lɛveːl] |
| folhagem (f) | lomb | [lomb] |

| queda (f) das folhas | lombhullás | [lombhullaːʃ] |
| cair (vi) | lehull | [lɛhull] |

| | | |
|---|---|---|
| topo (m) | tető | [tɛtø:] |
| ramo (m) | ág | [a:g] |
| galho (m) | ág | [a:g] |
| botão, rebento (m) | rügy | [ryɟ] |
| agulha (f) | tűlevél | [ty:lɛve:l] |
| pinha (f) | toboz | [toboz] |
| | | |
| buraco (m) de árvore | odú | [odu:] |
| ninho (m) | fészek | [fe:sɛk] |
| toca (f) | üreg | [yrɛg] |
| | | |
| tronco (m) | törzs | [tørʒ] |
| raiz (f) | gyökér | [ɟøke:r] |
| casca (f) de árvore | kéreg | [ke:rɛg] |
| musgo (m) | moha | [mohɒ] |
| | | |
| arrancar pela raiz | kiás | [kia:ʃ] |
| cortar (vt) | irt | [irt] |
| desflorestar (vt) | irt | [irt] |
| toco, cepo (m) | tönk | [tøŋk] |
| | | |
| fogueira (f) | tábortűz | [ta:borty:z] |
| incêndio (m) florestal | erdőtűz | [ɛrdø:ty:z] |
| apagar (vt) | olt | [olt] |
| | | |
| guarda-florestal (m) | erdész | [ɛrde:s] |
| proteção (f) | őrzés | [ø:rze:ʃ] |
| proteger (a natureza) | őriz | [ø:riz] |
| caçador (m) furtivo | vadorzó | [vɒdorzo:] |
| armadilha (f) | csapda | [tʃɒbdɒ] |
| | | |
| colher (cogumelos) | gombázik | [gomba:zik] |
| colher (bagas) | szed | [sɛd] |
| perder-se (vr) | eltéved | [ɛlte:vɛd] |

## 132. Recursos naturais

| | | |
|---|---|---|
| recursos (m pl) naturais | természeti kincsek | [tɛrme:sɛti kintʃɛk] |
| minerais (m pl) | ásványkincsek | [a:ʃva:ɲ kintʃɛk] |
| depósitos (m pl) | rétegek | [re:tɛgɛk] |
| jazida (f) | lelőhely | [lɛlø:hɛj] |
| | | |
| extrair (vt) | kitermel | [kitɛrmɛl] |
| extração (f) | kitermelés | [kitɛrmɛle:ʃ] |
| minério (m) | érc | [e:rts] |
| mina (f) | bánya | [ba:ɲɒ] |
| poço (m) de mina | akna | [ɒknɒ] |
| mineiro (m) | bányász | [ba:nja:s] |
| | | |
| gás (m) | gáz | [ga:z] |
| gasoduto (m) | gázvezeték | [ga:zvɛzɛte:k] |
| | | |
| petróleo (m) | nyersolaj | [ɲɛrʃolɒj] |
| oleoduto (m) | olajvezeték | [olɒjvɛzɛte:k] |

| | | |
|---|---|---|
| poço (m) de petróleo | olajkút | [olɒjkuːt] |
| torre (f) petrolífera | fúrótorony | [fuːroːtoroɲ] |
| petroleiro (m) | tartályhajó | [tɒrtaːjhɒjoː] |
| | | |
| areia (f) | homok | [homok] |
| calcário (m) | mészkő | [meːskøː] |
| cascalho (m) | kavics | [kɒvitʃ] |
| turfa (f) | tőzeg | [tøːzɛg] |
| argila (f) | agyag | [ɒɟog] |
| carvão (m) | szén | [seːn] |
| | | |
| ferro (m) | vas | [vɒʃ] |
| ouro (m) | arany | [ɒrɒɲ] |
| prata (f) | ezüst | [ɛzyʃt] |
| níquel (m) | nikkel | [nikkɛl] |
| cobre (m) | réz | [reːz] |
| | | |
| zinco (m) | horgany | [horgɒɲ] |
| manganês (m) | mangán | [mɒŋgaːn] |
| mercúrio (m) | higany | [higɒɲ] |
| chumbo (m) | ólom | [oːlom] |
| | | |
| mineral (m) | ásvány | [aːʃvaːɲ] |
| cristal (m) | kristály | [kriʃtaːj] |
| mármore (m) | márvány | [maːrvaːɲ] |
| urânio (m) | uránium | [uraːnium] |

# A Terra. Parte 2

## 133. Tempo

| | | |
|---|---|---|
| tempo (m) | időjárás | [idø:ja:raːʃ] |
| previsão (f) do tempo | időjárásjelentés | [idø:ja:raːʃjɛlɛnteːʃ] |
| temperatura (f) | hőmérséklet | [hø:meːrʃeːklɛt] |
| termómetro (m) | hőmérő | [hø:meːrø:] |
| barómetro (m) | légsúlymérő | [le:gʃuːjmeːrø:] |
| | | |
| humidade (f) | nedvesség | [nɛdvɛʃeːg] |
| calor (m) | hőség | [hø:ʃeːg] |
| cálido | forró | [forroː] |
| está muito calor | hőség van | [hø:ʃeːg vɒn] |
| | | |
| está calor | meleg van | [mɛlɛg vɒn] |
| quente | meleg | [mɛlɛg] |
| | | |
| está frio | hideg van | [hidɛg vɒn] |
| frio | hideg | [hidɛg] |
| | | |
| sol (m) | nap | [nɒp] |
| brilhar (vi) | süt | [ʃyt] |
| de sol, ensolarado | napos | [nɒpoʃ] |
| nascer (vi) | felkel | [fɛlkɛl] |
| pôr-se (vr) | lemegy | [lɛmɛɟ] |
| | | |
| nuvem (f) | felhő | [fɛlhø:] |
| nublado | felhős | [fɛlhø:ʃ] |
| | | |
| nuvem (f) preta | esőfelhő | [ɛʃø:fɛlhø:] |
| escuro, cinzento | borús | [boruːʃ] |
| | | |
| chuva (f) | eső | [ɛʃø:] |
| está a chover | esik az eső | [ɛʃik ɒz ɛʃø:] |
| | | |
| chuvoso | esős | [ɛʃø:ʃ] |
| chuviscar (vi) | szemerkél | [sɛmɛrkeːl] |
| | | |
| chuva (f) torrencial | zápor | [za:por] |
| chuvada (f) | zápor | [za:por] |
| forte (chuva) | erős | [ɛrø:ʃ] |
| | | |
| poça (f) | tócsa | [to:tʃɒ] |
| molhar-se (vr) | ázik | [a:zik] |
| | | |
| nevoeiro (m) | köd | [kød] |
| de nevoeiro | ködös | [kødøʃ] |
| neve (f) | hó | [hoː] |
| está a nevar | havazik | [hɒvɒzik] |

## 134. Tempo extremo. Catástrofes naturais

| | | |
|---|---|---|
| trovoada (f) | zivatar | [zivɒtɒr] |
| relâmpago (m) | villám | [villa:m] |
| relampejar (vi) | villámlik | [villa:mlik] |
| | | |
| trovão (m) | mennydörgés | [mɛɲdørge:ʃ] |
| trovejar (vi) | dörög | [dørøg] |
| está a trovejar | mennydörög | [mɛɲdørøg] |
| | | |
| granizo (m) | jégeső | [je:gɛʃø:] |
| está a cair granizo | jég esik | [je:g ɛʃik] |
| | | |
| inundar (vt) | elárad | [ɛla:rɒd] |
| inundação (f) | árvíz | [a:rvi:z] |
| | | |
| terremoto (m) | földrengés | [føldrɛŋge:ʃ] |
| abalo, tremor (m) | lökés | [løke:ʃ] |
| epicentro (m) | epicentrum | [ɛpitsɛntrum] |
| | | |
| erupção (f) | kitörés | [kitøre:ʃ] |
| lava (f) | láva | [la:vɒ] |
| | | |
| turbilhão (m) | forgószél | [forgo:se:l] |
| tornado (m) | tornádó | [torna:do:] |
| tufão (m) | tájfun | [ta:jfun] |
| | | |
| furacão (m) | orkán | [orka:n] |
| tempestade (f) | vihar | [vihɒr] |
| tsunami (m) | szökőár | [søkø:a:r] |
| | | |
| ciclone (m) | ciklon | [tsiklon] |
| mau tempo (m) | rossz idő | [ross idø:] |
| incêndio (m) | tűz | [ty:z] |
| catástrofe (f) | katasztrófa | [kɒtɒstro:fɒ] |
| meteorito (m) | meteorit | [mɛtɛorit] |
| | | |
| avalanche (f) | lavina | [lɒvinɒ] |
| deslizamento (m) de neve | hógörgeteg | [ho:gørgɛtɛg] |
| nevasca (f) | hóvihar | [ho:vihɒr] |
| tempestade (f) de neve | hóvihar | [ho:vihɒr] |

# Fauna

## 135. Mamíferos. Predadores

| | | |
|---|---|---|
| predador (m) | ragadozó állat | [rɒgɒdozoː aːllɒt] |
| tigre (m) | tigris | [tigriʃ] |
| leão (m) | oroszlán | [oroslaːn] |
| lobo (m) | farkas | [fɒrkɒʃ] |
| raposa (f) | róka | [roːkɒ] |
| | | |
| jaguar (m) | jaguár | [jɒguaːr] |
| leopardo (m) | leopárd | [lɛopaːrd] |
| chita (f) | gepárd | [gɛpaːrd] |
| | | |
| pantera (f) | párduc | [paːrduts] |
| puma (m) | puma | [pumɒ] |
| leopardo-das-neves (m) | hópárduc | [hoːpaːrduts] |
| lince (m) | hiúz | [hiuːz] |
| | | |
| coiote (m) | prérifarkas | [preːrifɒrkɒʃ] |
| chacal (m) | sakál | [ʃɒkaːl] |
| hiena (f) | hiéna | [hieːnɒ] |

## 136. Animais selvagens

| | | |
|---|---|---|
| animal (m) | állat | [aːllɒt] |
| besta (f) | vadállat | [vɒdaːllɒt] |
| | | |
| esquilo (m) | mókus | [moːkuʃ] |
| ouriço (m) | sündisznó | [ʃyndisnoː] |
| lebre (f) | nyúl | [ɲuːl] |
| coelho (m) | nyúl | [ɲuːl] |
| | | |
| texugo (m) | borz | [borz] |
| guaxinim (m) | mosómedve | [moʃoːmɛdvɛ] |
| hamster (m) | hörcsög | [hørtʃøg] |
| marmota (f) | mormota | [mormotɒ] |
| | | |
| toupeira (f) | vakond | [vɒkond] |
| rato (m) | egér | [ɛgeːr] |
| ratazana (f) | patkány | [pɒtkaːɲ] |
| morcego (m) | denevér | [dɛnɛveːr] |
| | | |
| arminho (m) | hermelin | [hɛrmɛlin] |
| zibelina (f) | coboly | [tsoboj] |
| marta (f) | nyuszt | [ɲust] |
| doninha (f) | menyét | [mɛɲeːt] |
| vison (m) | nyérc | [ɲeːrts] |

| castor (m) | hódprém | [hoːdpreːm] |
| lontra (f) | vidra | [vidrɒ] |

| cavalo (m) | ló | [loː] |
| alce (m) | jávorszarvas | [jaːvorsɒrvɒʃ] |
| veado (m) | szarvas | [sɒrvɒʃ] |
| camelo (m) | teve | [tɛvɛ] |

| bisão (m) | bölény | [bøleːɲ] |
| auroque (m) | európai bölény | [ɛuroːpɒj bøleːɲ] |
| búfalo (m) | bivaly | [bivɒj] |

| zebra (f) | zebra | [zɛbrɒ] |
| antílope (m) | antilop | [ɒntilop] |
| corça (f) | őz | [øːz] |
| gamo (m) | dámszarvas | [daːmsɒrvɒʃ] |
| camurça (f) | zerge | [zɛrgɛ] |
| javali (m) | vaddisznó | [vɒddisnoː] |

| baleia (f) | bálna | [baːlnɒ] |
| foca (f) | fóka | [foːkɒ] |
| morsa (f) | rozmár | [rozmaːr] |
| urso-marinho (m) | medvefóka | [mɛdvɛfoːkɒ] |
| golfinho (m) | delfin | [dɛlfin] |

| urso (m) | medve | [mɛdvɛ] |
| urso (m) branco | jegesmedve | [jɛgɛʃmɛdvɛ] |
| panda (m) | panda | [pɒndɒ] |

| macaco (em geral) | majom | [mɒjom] |
| chimpanzé (m) | csimpánz | [ʧimpaːnz] |
| orangotango (m) | orangután | [orɒŋgutaːn] |
| gorila (m) | gorilla | [gorillɒ] |
| macaco (m) | makákó | [mɒkaːkoː] |
| gibão (m) | gibbon | [gibbon] |

| elefante (m) | elefánt | [ɛlɛfaːnt] |
| rinoceronte (m) | orrszarvú | [orrsɒrvuː] |
| girafa (f) | zsiráf | [ʒiraːf] |
| hipopótamo (m) | víziló | [viːziloː] |

| canguru (m) | kenguru | [kɛŋguru] |
| coala (m) | koala | [koɒlɒ] |

| mangusto (m) | mongúz | [moŋguːz] |
| chinchila (m) | csincsilla | [ʧinʧillɒ] |
| doninha-fedorenta (f) | bűzös borz | [byːzøʃ borz] |
| porco-espinho (m) | tarajos sül | [tɒrɒjoʃ ʃyl] |

## 137. Animais domésticos

| gata (f) | macska | [mɒʧkɒ] |
| gato (m) macho | kandúr | [kɒnduːr] |
| cavalo (m) | ló | [loː] |

| garanhão (m) | mén | [meːn] |
| égua (f) | kanca | [kɒntsɒ] |

| vaca (f) | tehén | [tɛheːn] |
| touro (m) | bika | [bikɒ] |
| boi (m) | ökör | [økør] |

| ovelha (f) | juh | [juh] |
| carneiro (m) | kos | [koʃ] |
| cabra (f) | kecske | [kɛtʃkɛ] |
| bode (m) | bakkecske | [bɒkkɛtʃkɛ] |

| burro (m) | szamár | [sɒmaːr] |
| mula (f) | öszvér | [øsveːr] |

| porco (m) | disznó | [disnoː] |
| leitão (m) | malac | [mɒlɒts] |
| coelho (m) | nyúl | [ɲuːl] |

| galinha (f) | tyúk | [cuːk] |
| galo (m) | kakas | [kɒkɒʃ] |

| pata (f) | kacsa | [kɒtʃɒ] |
| pato (macho) | gácsér | [gaːtʃeːr] |
| ganso (m) | liba | [libɒ] |

| peru (m) | pulykakakas | [pujkɒkɒkɒʃ] |
| perua (f) | pulyka | [pujkɒ] |

| animais (m pl) domésticos | háziállatok | [haːzi aːllɒtok] |
| domesticado | szelíd | [sɛliːd] |
| domesticar (vt) | megszelídít | [mɛgsɛliːdiːt] |
| criar (vt) | tenyészt | [tɛneːst] |

| quinta (f) | telep | [tɛlɛp] |
| aves (f pl) domésticas | baromfi | [bɒromfi] |
| gado (m) | jószág | [joːsaːg] |
| rebanho (m), manada (f) | nyáj | [njaːj] |

| estábulo (m) | istálló | [iʃtaːlloː] |
| pocilga (f) | disznóól | [disnoːoːl] |
| estábulo (m) | tehénistálló | [tɛheːniʃtaːlloː] |
| coelheira (f) | nyúlketrec | [ɲuːlkɛtrɛts] |
| galinheiro (m) | tyúkól | [cuːkoːl] |

### 138. Pássaros

| pássaro (m), ave (f) | madár | [mɒdaːr] |
| pombo (m) | galamb | [gɒlɒmb] |
| pardal (m) | veréb | [vɛreːb] |
| chapim-real (m) | cinke | [tsiŋkɛ] |
| pega-rabuda (f) | szarka | [sɒrkɒ] |
| corvo (m) | holló | [holloː] |
| gralha (f) cinzenta | varjú | [vɒrjuː] |

| | | |
|---|---|---|
| gralha-de-nuca-cinzenta (f) | csóka | [tʃoːkɒ] |
| gralha-calva (f) | vetési varjú | [vɛteːʃi vɒrjuː] |
| | | |
| pato (m) | kacsa | [kɒtʃɒ] |
| ganso (m) | liba | [libɒ] |
| faisão (m) | fácán | [faːtsaːn] |
| | | |
| águia (f) | sas | [ʃɒʃ] |
| açor (m) | héja | [heːjɒ] |
| falcão (m) | sólyom | [ʃoːjom] |
| abutre (m) | griff | [griff] |
| condor (m) | kondor | [kondor] |
| | | |
| cisne (m) | hattyú | [hɒcːuː] |
| grou (m) | daru | [dɒru] |
| cegonha (f) | gólya | [goːjɒ] |
| | | |
| papagaio (m) | papagáj | [pɒpɒgaːj] |
| beija-flor (m) | kolibri | [kolibri] |
| pavão (m) | páva | [paːvɒ] |
| | | |
| avestruz (m) | strucc | [ʃtruts] |
| garça (f) | kócsag | [koːtʃɒg] |
| flamingo (m) | flamingó | [flɒmiŋgoː] |
| pelicano (m) | pelikán | [pɛlikaːn] |
| | | |
| rouxinol (m) | fülemüle | [fylɛmylɛ] |
| andorinha (f) | fecske | [fɛtʃkɛ] |
| | | |
| tordo-zornal (m) | rigó | [rigoː] |
| tordo-músico (m) | énekes rigó | [eːnɛkɛʃ rigoː] |
| melro-preto (m) | fekete rigó | [fɛkɛtɛ rigoː] |
| | | |
| andorinhão (m) | sarlós fecske | [ʃɒrloːʃ fɛtʃkɛ] |
| cotovia (f) | pacsirta | [pɒtʃirtɒ] |
| codorna (f) | fürj | [fyrj] |
| | | |
| pica-pau (m) | harkály | [hɒrkaːj] |
| cuco (m) | kakukk | [kɒkukk] |
| coruja (f) | bagoly | [bɒgoj] |
| corujão, bufo (m) | fülesbagoly | [fylɛʃbɒgoj] |
| tetraz-grande (m) | süketfajd | [ʃykɛtfɒjd] |
| | | |
| tetraz-lira (m) | nyírfajd | [ɲiːrfɒjd] |
| perdiz-cinzenta (f) | fogoly | [fogoj] |
| | | |
| estorninho (m) | seregély | [ʃɛrɛgeːj] |
| canário (m) | kanári | [kɒnaːri] |
| galinha-do-mato (f) | császármadár | [tʃaːsaːrmɒdaːr] |
| | | |
| tentilhão (m) | erdei pinty | [ɛrdɛi piɲc] |
| dom-fafe (m) | pirók | [piroːk] |
| | | |
| gaivota (f) | sirály | [ʃiraːj] |
| albatroz (m) | albatrosz | [ɒlbɒtros] |
| pinguim (m) | pingvin | [piŋgvin] |

## 139. Peixes. Animais marinhos

| | | |
|---|---|---|
| brema (f) | dévérkeszeg | [deːveːrkɛsɛg] |
| carpa (f) | ponty | [poɲc] |
| perca (f) | folyami sügér | [fojɒmi ʃygeːr] |
| siluro (m) | harcsa | [hɒrtʃɒ] |
| lúcio (m) | csuka | [tʃukɒ] |
| salmão (m) | lazac | [lɒzɒts] |
| esturjão (m) | tokhal | [tokhɒl] |
| arenque (m) | hering | [hɛriŋg] |
| salmão (m) | lazac | [lɒzɒts] |
| cavala, sarda (f) | makréla | [mɒkreːlɒ] |
| solha (f) | lepényhal | [lɛpeːɲhɒl] |
| lúcio perca (m) | fogas | [fogɒʃ] |
| bacalhau (m) | tőkehal | [tøːkɛhɒl] |
| atum (m) | tonhal | [tonhɒl] |
| truta (f) | pisztráng | [pistraːng] |
| enguia (f) | angolna | [ɒŋgolnɒ] |
| raia elétrica (f) | villamos rája | [villɒmoʃ raːjɒ] |
| moreia (f) | muréna | [mureːnɒ] |
| piranha (f) | pirája | [piraːjo] |
| tubarão (m) | cápa | [tsaːpɒ] |
| golfinho (m) | delfin | [dɛlfin] |
| baleia (f) | bálna | [baːlnɒ] |
| caranguejo (m) | tarisznyarák | [tɒrisɲɒraːk] |
| medusa, alforreca (f) | medúza | [mɛduːzɒ] |
| polvo (m) | nyolckarú polip | [ɲoltskɒruː polip] |
| estrela-do-mar (f) | tengeri csillag | [tɛŋgɛri tʃillɒg] |
| ouriço-do-mar (m) | tengeri sün | [tɛŋgɛri ʃyn] |
| cavalo-marinho (m) | tengeri csikó | [tɛŋgɛri tʃikoː] |
| ostra (f) | osztriga | [ostrigɒ] |
| camarão (m) | garnélarák | [gɒrneːlɒraːk] |
| lavagante (m) | homár | [homaːr] |
| lagosta (f) | languszta | [lɒŋgustɒ] |

## 140. Amfíbios. Répteis

| | | |
|---|---|---|
| serpente, cobra (f) | kígyó | [kiːɟøː] |
| venenoso | mérges | [meːrgɛʃ] |
| víbora (f) | vipera | [vipɛrɒ] |
| cobra-capelo, naja (f) | kobra | [kobrɒ] |
| pitão (m) | piton | [piton] |
| jiboia (f) | boa | [boɒ] |
| cobra-de-água (f) | sikló | [ʃikloː] |

| cascavel (f) | csörgőkígyó | [ʧørgøːkiɟøː] |
| anaconda (f) | anakonda | [ɒnɒkondɒ] |

| lagarto (m) | gyík | [ɟiːk] |
| iguana (f) | leguán | [lɛguaːn] |
| varano (m) | varánusz | [vɒraːnus] |
| salamandra (f) | szalamandra | [sɒlɒmɒndrɒ] |
| camaleão (m) | kaméleon | [kɒmeːlɛon] |
| escorpião (m) | skorpió | [ʃkorpioː] |

| tartaruga (f) | teknősbéka | [tɛknøːʃbeːkɒ] |
| rã (f) | béka | [beːkɒ] |
| sapo (m) | varangy | [vɒrɒɲ] |
| crocodilo (m) | krokodil | [krokodil] |

## 141. Insetos

| inseto (m) | rovar | [rovɒr] |
| borboleta (f) | lepke | [lɛpkɛ] |
| formiga (f) | hangya | [hɒɲɒ] |
| mosca (f) | légy | [leːɟ] |
| mosquito (m) | szúnyog | [suːnøg] |
| escaravelho (m) | bogár | [bogaːr] |

| vespa (f) | darázs | [dɒraːʒ] |
| abelha (f) | méh | [meːh] |
| mamangava (f) | poszméh | [posmeːh] |
| moscardo (m) | bögöly | [bøgøj] |

| aranha (f) | pók | [poːk] |
| teia (f) de aranha | pókháló | [poːkhaːloː] |

| libélula (f) | szitakötő | [sitɒkøtøː] |
| gafanhoto-do-campo (m) | tücsök | [tyʧøk] |
| traça (f) | pillangó | [pillɒŋgoː] |

| barata (f) | svábbogár | [ʃvaːbbogaːr] |
| carraça (f) | kullancs | [kullɒnʧ] |
| pulga (f) | bolha | [bolhɒ] |
| borrachudo (m) | muslica | [muʃlitsɒ] |

| gafanhoto (m) | sáska | [ʃaːʃkɒ] |
| caracol (m) | csiga | [ʧigɒ] |
| grilo (m) | tücsök | [tyʧøk] |
| pirilampo (m) | szentjánosbogár | [sɛntjaːnoʃbogaːr] |
| joaninha (f) | katicabogár | [kɒtitsɒbogaːr] |
| besouro (m) | cserebogár | [ʧɛrɛbogaːr] |

| sanguessuga (f) | pióca | [pioːtsɒ] |
| lagarta (f) | hernyó | [hɛrnøː] |
| minhoca (f) | kukac | [kukɒts] |
| larva (f) | lárva | [laːrvɒ] |

# Flora

## 142. Árvores

| | | |
|---|---|---|
| árvore (f) | fa | [fɒ] |
| decídua | lombos | [lomboʃ] |
| conífera | tűlevelű | [tyːlɛvɛlyː] |
| perene | örökzöld | [ørøgzøld] |
| | | |
| macieira (f) | almafa | [ɒlmɒfɒ] |
| pereira (f) | körte | [kørtɛ] |
| cerejeira (f) | cseresznyefa | [ʧɛrɛsnɛfɒ] |
| ginjeira (f) | meggyfa | [mɛdɟfɒ] |
| ameixeira (f) | szilvafa | [silvɒfɒ] |
| | | |
| bétula (f) | nyírfa | [ɲiːrfɒ] |
| carvalho (m) | tölgy | [tølɟ] |
| tília (f) | hársfa | [haːrʃfɒ] |
| choupo-tremedor (m) | rezgő nyár | [rɛzgøː ɲaːr] |
| bordo (m) | jávorfa | [jaːvorfɒ] |
| espruce-europeu (m) | lucfenyő | [lutsfɛɲøː] |
| pinheiro (m) | erdei fenyő | [ɛrdɛi fɛɲøː] |
| alerce, lariço (m) | vörösfenyő | [vørøʃfɛɲøː] |
| abeto (m) | jegenyefenyő | [jɛgɛnɛfɛɲøː] |
| cedro (m) | cédrus | [tseːdruʃ] |
| | | |
| choupo, álamo (m) | nyárfa | [ɲaːrfɒ] |
| tramazeira (f) | berkenye | [bɛrkɛnɛ] |
| salgueiro (m) | fűzfa | [fyːzfɒ] |
| amieiro (m) | égerfa | [ɛgeːrfɒ] |
| faia (f) | bükkfa | [bykkfɒ] |
| ulmeiro (m) | szilfa | [silfɒ] |
| freixo (m) | kőrisfa | [køːriʃfɒ] |
| castanheiro (m) | gesztenye | [gɛstɛnɛ] |
| | | |
| magnólia (f) | magnólia | [mɒgnoːliɒ] |
| palmeira (f) | pálma | [paːlmɒ] |
| cipreste (m) | ciprusfa | [tsipruʃfɒ] |
| | | |
| mangue (m) | mangrove | [mɒngrov] |
| embondeiro, baobá (m) | Majomkenyérfa | [mɒjomkɛnɛːrfɒ] |
| eucalipto (m) | eukaliptusz | [ɛukɒliptus] |
| sequoia (f) | mamutfenyő | [mɒmutfɛɲøː] |

## 143. Arbustos

| | | |
|---|---|---|
| arbusto (m) | bokor | [bokor] |
| arbusto (m), moita (f) | cserje | [ʧɛrjɛ] |

| | | |
|---|---|---|
| videira (f) | szőlő | [søːløː] |
| vinhedo (m) | szőlőskert | [søːløːʃkɛrt] |

| | | |
|---|---|---|
| framboeseira (f) | málna | [maːlnɒ] |
| groselheira-vermelha (f) | ribizli | [ribizli] |
| groselheira (f) espinhosa | egres | [ɛgrɛʃ] |

| | | |
|---|---|---|
| acácia (f) | akácfa | [ɒkaːtsfɒ] |
| bérberis (f) | sóskaborbolya | [ʃoːʃkɒ borbojɒ] |
| jasmim (m) | jázmin | [jaːzmin] |

| | | |
|---|---|---|
| junípero (m) | boróka | [boroːkɒ] |
| roseira (f) | rózsabokor | [roːʒɒ bokor] |
| roseira (f) brava | vadrózsa | [vɒdroːʒɒ] |

## 144. Frutos. Bagas

| | | |
|---|---|---|
| maçã (f) | alma | [ɒlmɒ] |
| pera (f) | körte | [kørtɛ] |
| ameixa (f) | szilva | [silvɒ] |
| morango (m) | eper | [ɛpɛr] |
| ginja (f) | meggy | [mɛɟ] |
| cereja (f) | cseresznye | [tʃɛrɛsnɛ] |
| uva (f) | szőlő | [søːløː] |

| | | |
|---|---|---|
| framboesa (f) | málna | [maːlnɒ] |
| groselha (f) preta | feketeribizli | [fɛkɛtɛ ribizli] |
| groselha (f) vermelha | pirosribizli | [piroʃribizli] |
| groselha (f) espinhosa | egres | [ɛgrɛʃ] |
| oxicoco (m) | áfonya | [aːfoɲɒ] |
| laranja (f) | narancs | [nɒrɒntʃ] |
| tangerina (f) | mandarin | [mɒndɒrin] |
| ananás (m) | ananász | [ɒnɒnaːs] |
| banana (f) | banán | [bɒnaːn] |
| tâmara (f) | datolya | [dɒtojɒ] |

| | | |
|---|---|---|
| limão (m) | citrom | [tsitrom] |
| damasco (m) | sárgabarack | [ʃaːrgɒbɒrɒtsk] |
| pêssego (m) | őszibarack | [øːsibɒrɒtsk] |
| kiwi (m) | kivi | [kivi] |
| toranja (f) | citrancs | [tsitrɒntʃ] |

| | | |
|---|---|---|
| baga (f) | bogyó | [boɟøː] |
| bagas (f pl) | bogyók | [boɟøːk] |
| arando (m) vermelho | vörös áfonya | [vørøʃ aːfoɲɒ] |
| morango-silvestre (m) | szamóca | [sɒmoːtsɒ] |
| mirtilo (m) | fekete áfonya | [fɛkɛtɛ aːfoɲɒ] |

## 145. Flores. Plantas

| | | |
|---|---|---|
| flor (f) | virág | [viraːg] |
| ramo (m) de flores | csokor | [tʃokor] |

| | | |
|---|---|---|
| rosa (f) | rózsa | [roːʒɒ] |
| tulipa (f) | tulipán | [tulipaːn] |
| cravo (m) | szegfű | [sɛgfyː] |
| gladíolo (m) | gladiólusz | [glɒdioːlus] |
| | | |
| centáurea (f) | búzavirág | [buːzɒviraːg] |
| campânula (f) | harangvirág | [hɒrɒŋgviraːg] |
| dente-de-leão (m) | pitypang | [picpɒŋg] |
| camomila (f) | kamilla | [kɒmillɒ] |
| | | |
| aloé (m) | aloé | [ɒloeː] |
| cato (m) | kaktusz | [kɒktus] |
| fícus (m) | gumifa | [gumifɒ] |
| | | |
| lírio (m) | liliom | [liliom] |
| gerânio (m) | muskátli | [muʃkaːtli] |
| jacinto (m) | jácint | [jaːtsint] |
| | | |
| mimosa (f) | mimóza | [mimoːzɒ] |
| narciso (m) | nárcisz | [naːrtsis] |
| capuchinha (f) | sarkantyúvirág | [ʃɒrkɒɲcuːviraːg] |
| | | |
| orquídea (f) | orchidea | [orhidɛɒ] |
| peónia (f) | pünkösdi rózsa | [pyŋkøʃdi roːʒɒ] |
| violeta (f) | ibolya | [ibojɒ] |
| | | |
| amor-perfeito (m) | árvácska | [aːrvaːrtʃkɒ] |
| não-me-esqueças (m) | nefelejcs | [nɛfɛlɛjtʃ] |
| margarida (f) | százszorszép | [saːzsorseːp] |
| | | |
| papoula (f) | mák | [maːk] |
| cânhamo (m) | kender | [kɛndɛr] |
| hortelã (f) | menta | [mɛntɒ] |
| | | |
| lírio-do-vale (m) | gyöngyvirág | [døɲɟviraːg] |
| campânula-branca (f) | hóvirág | [hoːviraːg] |
| | | |
| urtiga (f) | csalán | [tʃɒlaːn] |
| azeda (f) | sóska | [ʃoːʃkɒ] |
| nenúfar (m) | tündérrózsa | [tyndeːrroːʒɒ] |
| feto (m), samambaia (f) | páfrány | [paːfraːɲ] |
| líquen (m) | sömör | [ʃømør] |
| | | |
| estufa (f) | melegház | [mɛlɛkhaːz] |
| relvado (m) | gyep | [ɟɛp] |
| canteiro (m) de flores | virágágy | [viraːgaːɟ] |
| | | |
| planta (f) | növény | [nøveːɲ] |
| erva (f) | fű | [fyː] |
| folha (f) de erva | fűszál | [fyːsaːl] |
| | | |
| folha (f) | levél | [lɛveːl] |
| pétala (f) | szirom | [sirom] |
| talo (m) | szár | [saːr] |
| tubérculo (m) | gumó | [gumoː] |
| broto, rebento (m) | hajtás | [hɒjtaːʃ] |

| espinho (m) | tüske | [tyʃkɛ] |
| florescer (vi) | virágzik | [viraːgzik] |
| murchar (vi) | elhervad | [ɛlhɛrvɒd] |
| cheiro (m) | illat | [illɒt] |
| cortar (flores) | lemetsz | [lɛmɛts] |
| colher (uma flor) | leszakít | [lɛsɒkiːt] |

## 146. Cereais, grãos

| grão (m) | gabona | [gɒbonɒ] |
| cereais (plantas) | gabonanövény | [gɒbonɒnøveːɲ] |
| espiga (f) | kalász | [kɒlaːs] |

| trigo (m) | búza | [buːzɒ] |
| centeio (m) | rozs | [roʒ] |
| aveia (f) | zab | [zɒb] |
| milho-miúdo (m) | köles | [køleʃ] |
| cevada (f) | árpa | [aːrpɒ] |

| milho (m) | kukorica | [kukoritsɒ] |
| arroz (m) | rizs | [riʒ] |
| trigo-sarraceno (m) | hajdina | [hɒjdinɒ] |

| ervilha (f) | borsó | [borʃoː] |
| feijão (m) | bab | [bɒb] |
| soja (f) | szója | [soːjɒ] |
| lentilha (f) | lencse | [lɛntʃɛ] |
| fava (f) | bab | [bɒb] |

# PAÍSES. NACIONALIDADES

## 147. Europa Ocidental

| | | |
|---|---|---|
| Europa (f) | Európa | [ɛuroːpɒ] |
| União (f) Europeia | Európai Unió | [ɛuroːpɒi unioː] |
| | | |
| Áustria (f) | Ausztria | [ɒustriɒ] |
| Grã-Bretanha (f) | NagyBritannia | [nɒɟbritɒɲiɒ] |
| Inglaterra (f) | Anglia | [ɒŋgliɒ] |
| Bélgica (f) | Belgium | [bɛlgium] |
| Alemanha (f) | Németország | [neːmɛtorsaːg] |
| | | |
| Países (m pl) Baixos | Németalföld | [neːmɛtɒlføld] |
| Holanda (f) | Hollandia | [hollɒndiɒ] |
| Grécia (f) | Görögország | [gørøgorsaːg] |
| Dinamarca (f) | Dánia | [daːniɒ] |
| Irlanda (f) | Írország | [iːrorsaːg] |
| Islândia (f) | Izland | [izlɒnd] |
| | | |
| Espanha (f) | Spanyolország | [ʃpɒɲolorsaːg] |
| Itália (f) | Olaszország | [olɒsorsaːg] |
| Chipre (m) | Ciprus | [tsipruʃ] |
| Malta (f) | Málta | [maːltɒ] |
| | | |
| Noruega (f) | Norvégia | [norveːgiɒ] |
| Portugal (m) | Portugália | [portugaːliɒ] |
| Finlândia (f) | Finnország | [finnorsaːg] |
| França (f) | Franciaország | [frɒntsiɒorsaːg] |
| | | |
| Suécia (f) | Svédország | [ʃveːdorsaːg] |
| Suíça (f) | Svájc | [ʃvaːjts] |
| Escócia (f) | Skócia | [ʃkoːtsiɒ] |
| | | |
| Vaticano (m) | Vatikán | [vɒtikaːn] |
| Liechtenstein (m) | Liechtenstein | [lihtɛnʃtɒjn] |
| Luxemburgo (m) | Luxemburg | [luksɛmburg] |
| Mónaco (m) | Monaco | [monɒko] |

## 148. Europa Central e de Leste

| | | |
|---|---|---|
| Albânia (f) | Albánia | [ɒlbaːniɒ] |
| Bulgária (f) | Bulgária | [bulgaːriɒ] |
| Hungria (f) | Magyarország | [mɒɟɒrorsaːg] |
| Letónia (f) | Lettország | [lɛttorsaːg] |
| | | |
| Lituânia (f) | Litvánia | [litvaːniɒ] |
| Polónia (f) | Lengyelország | [lɛɲɟɛlorsaːg] |

| Roménia (f) | Románia | [roma:niɒ] |
| Sérvia (f) | Szerbia | [sɛrbiɒ] |
| Eslováquia (f) | Szlovákia | [slova:kiɒ] |

| Croácia (f) | Horvátország | [horva:torsa:g] |
| República (f) Checa | Csehország | [tʃɛorsa:g] |
| Estónia (f) | Észtország | [e:storsa:g] |

| Bósnia e Herzegovina (f) | Bosznia és Hercegovina | [bosniɒ e:ʃ hɛntsɛgovinɒ] |
| Macedónia (f) | Macedónia | [mɒtsɛdo:niɒ] |
| Eslovénia (f) | Szlovénia | [slove:niɒ] |
| Montenegro (m) | Montenegró | [montɛnɛgro:] |

### 149. Países da ex-URSS

| Azerbaijão (m) | Azerbajdzsán | [ɒzɛrbɒjdʒa:n] |
| Arménia (f) | Örményország | [ørme:ɲorsa:g] |

| Bielorrússia (f) | Fehéroroszország | [fɛhe:rorosorsa:g] |
| Geórgia (f) | Grúzia | [gru:ziɒ] |
| Cazaquistão (m) | Kazahsztán | [kɒzɒhsta:n] |
| Quirguistão (m) | Kirgizisztán | [kirgizista:n] |
| Moldávia (f) | Moldova | [moldovɒ] |

| Rússia (f) | Oroszország | [orosorsa:g] |
| Ucrânia (f) | Ukrajna | [ukrɒjnɒ] |

| Tajiquistão (m) | Tádzsikisztán | [ta:dʒikista:n] |
| Turquemenistão (m) | Türkmenisztán | [tyrkmɛnista:n] |
| Uzbequistão (f) | Üzbegisztán | [yzbɛgista:n] |

### 150. Asia

| Ásia (f) | Ázsia | [a:ʒiɒ] |
| Vietname (m) | Vietnam | [viɛtnɒm] |
| Índia (f) | India | [indiɒ] |
| Israel (m) | Izrael | [izrɒɛl] |

| China (f) | Kína | [ki:nɒ] |
| Líbano (m) | Libanon | [libɒnon] |
| Mongólia (f) | Mongólia | [moŋgo:liɒ] |

| Malásia (f) | Malajzia | [mɒlɒjziɒ] |
| Paquistão (m) | Pakisztán | [pɒkista:n] |

| Arábia (f) Saudita | SzaúdArábia | [sɒu:dɒra:biɒ] |
| Tailândia (f) | Thaiföld | [tɒjføld] |
| Taiwan (m) | Tajvan | [tɒjvɒn] |
| Turquia (f) | Törökország | [tørøkorsa:g] |
| Japão (m) | Japán | [jɒpa:n] |
| Afeganistão (m) | Afganisztán | [ɒfgɒnista:n] |
| Bangladesh (m) | Banglades | [bɒŋglɒdɛʃ] |

| Indonésia (f) | Indonézia | [indoneːziɒ] |
| Jordânia (f) | Jordánia | [jordaːniɒ] |

| Iraque (m) | Irak | [irɒk] |
| Irão (m) | Irán | [iraːn] |
| Camboja (f) | Kambodzsa | [kɒmbodʒɒ] |
| Kuwait (m) | Kuvait | [kuvɛjt] |

| Laos (m) | Laosz | [lɒos] |
| Myanmar (m), Birmânia (f) | Mianmar | [miɒnmɒr] |
| Nepal (m) | Nepál | [nɛpaːl] |
| Emirados Árabes Unidos | Egyesült Arab Köztársaság | [ɛɟɛʃylt ɒrɒb køztaːrʃɒʃaːg] |

| Síria (f) | Szíria | [siːriɒ] |
| Palestina (f) | Palesztína | [pɒlɛstinɒ] |

| Coreia do Sul (f) | DélKorea | [deːlkorɛɒ] |
| Coreia do Norte (f) | ÉszakKorea | [eːsɒkkorɛɒ] |

## 151. América do Norte

| Estados Unidos da América | Amerikai Egyesült Államok | [ɒmɛrikɒi ɛɟɛʃylt aːllɒmok] |
| Canadá (m) | Kanada | [kɒnɒdɒ] |
| México (m) | Mexikó | [mɛksikoː] |

## 152. América Central do Sul

| Argentina (f) | Argentína | [ɒrgɛntiːnɒ] |
| Brasil (m) | Brazília | [brɒziːliɒ] |
| Colômbia (f) | Kolumbia | [kolumbiɒ] |

| Cuba (f) | Kuba | [kubɒ] |
| Chile (m) | Chile | [tʃilɛ] |

| Bolívia (f) | Bolívia | [boliːviɒ] |
| Venezuela (f) | Venezuela | [vɛnɛzuɛlɒ] |

| Paraguai (m) | Paraguay | [pɒrɒguɒj] |
| Peru (m) | Peru | [pɛru] |

| Suriname (m) | Suriname | [surinɒm] |
| Uruguai (m) | Uruguay | [uruguɒj] |
| Equador (m) | Ecuador | [ɛkuɒdor] |

| Bahamas (f pl) | Bahamaszigetek | [bɒhɒmɒsigɛtɛk] |
| Haiti (m) | Haiti | [hɒiti] |

| República (f) Dominicana | Dominikánus Köztársaság | [dominikaːnuʃ køstaːrʃɒʃaːg] |
| Panamá (m) | Panama | [pɒnɒmɒ] |
| Jamaica (f) | Jamaica | [jɒmɒjkɒ] |

## 153. Africa

| | | |
|---|---|---|
| Egito (m) | Egyiptom | [ɛɟiptom] |
| Marrocos | Marokkó | [mɒrokkoː] |
| Tunísia (f) | Tunisz | [tunis] |
| | | |
| Gana (f) | Ghána | [gaːnɒ] |
| Zanzibar (m) | Zanzibár | [zɒnzibaːr] |
| Quénia (f) | Kenya | [kɛɲɒ] |
| Líbia (f) | Líbia | [liːbiɒ] |
| Madagáscar (m) | Madagaszkár | [mɒdɒgɒskaːr] |
| | | |
| Namíbia (f) | Namíbia | [nɒmiːbiɒ] |
| Senegal (m) | Szenegál | [sɛnɛgaːl] |
| Tanzânia (f) | Tanzánia | [tɒnzaːniɒ] |
| África do Sul (f) | DélAfrikai Köztársaság | [deːlɒfrikɒi køstaːrʃɒʃaːg] |

## 154. Austrália. Oceania

| | | |
|---|---|---|
| Austrália (f) | Ausztrália | [ɒustraːliɒ] |
| Nova Zelândia (f) | ÚjZéland | [uːjzeːlɒnd] |
| | | |
| Tasmânia (f) | Tasmánia | [tɒsmaːniɒ] |
| Polinésia Francesa (f) | Francia Polinézia | [frɒntsiɒ polineːziɒ] |

## 155. Cidades

| | | |
|---|---|---|
| Amesterdão | Amszterdam | [ɒmstɛrdɒm] |
| Ancara | Ankara | [ɒŋkɒrɒ] |
| Atenas | Athén | [ɒteːn] |
| | | |
| Bagdade | Bagdad | [bɒgdɒd] |
| Banguecoque | Bangkok | [bɒŋgkok] |
| Barcelona | Barcelona | [bɒrsɛlonɒ] |
| Beirute | Bejrút | [bɛjruːt] |
| Berlim | Berlin | [bɛrlin] |
| | | |
| Bombaim | Bombay, Mumbai | [bombɛj], [mumbɒj] |
| Bona | Bonn | [bonn] |
| Bordéus | Bordó | [bordoː] |
| Bratislava | Pozsony | [poʒoɲ] |
| Bruxelas | Brüsszel | [bryssɛl] |
| Bucareste | Bukarest | [bukɒrɛst] |
| Budapeste | Budapest | [budɒpɛʃt] |
| | | |
| Cairo | Kairó | [kɒiroː] |
| Calcutá | Kalkutta | [kɒlkuttɒ] |
| Chicago | Chicago | [tʃikɒgo] |
| Cidade do México | Mexikó | [mɛksikoː] |
| Copenhaga | Koppenhága | [koppɛnhaːgɒ] |

| Dar es Salaam | DaresSalaam | [dɒrɛssɒlaːm] |
| Deli | Delhi | [dɛli] |
| Dubai | Dubai | [dubɒj] |
| Dublin, Dublim | Dublin | [dublin] |
| Düsseldorf | Düsseldorf | [dyssɛldorf] |
| Estocolmo | Stockholm | [stokolm] |

| Florença | Firenze | [firɛnzɛ] |
| Frankfurt | Frankfurt | [frɒŋkfurt] |
| Genebra | Genf | [gɛnf] |
| Haia | Hága | [haːgɒ] |
| Hamburgo | Hamburg | [hɒmburg] |
| Hanói | Hanoi | [hɒnoj] |
| Havana | Havanna | [hɒvɒnnɒ] |

| Helsínquia | Helsinki | [hɛlsiŋki] |
| Hiroshima | Hirosima | [hirosimɒ] |
| Hong Kong | Hongkong | [hoŋgkoŋ] |
| Istambul | Isztambul | [istɒmbul] |
| Jerusalém | Jeruzsálem | [jɛruʒaːlɛm] |

| Kiev | Kijev | [kiːjɛv] |
| Kuala Lumpur | Kuala Lumpur | [kuɒlɒ lumpur] |
| Lisboa | Lisszabon | [lissɒbon] |
| Londres | London | [london] |
| Los Angeles | LosAngeles | [losɒnʒɛlɛs] |
| Lion | Lyon | [lion] |

| Madrid | Madrid | [mɒdrid] |
| Marselha | Marseille | [mɒrsɛjː] |
| Miami | Miami | [miɒmi] |
| Montreal | Montreal | [monrɛɒl] |
| Moscovo | Moszkva | [moskvɒ] |
| Munique | München | [mynhɛn] |

| Nairóbi | Nairobi | [nɒjrobi] |
| Nápoles | Nápoly | [naːpoli] |
| Nice | Nizza | [nitsɒ] |
| Nova York | New York | [ɲy jork] |

| Oslo | Oslo | [oslo] |
| Ottawa | Ottawa | [ottɒvɒ] |
| Paris | Párizs | [paːriʒ] |
| Pequim | Peking | [pɛkiŋg] |
| Praga | Prága | [praːgɒ] |

| Rio de Janeiro | Rio de Janeiro | [rio dɛ ʒɒnɛjro] |
| Roma | Róma | [roːmɒ] |
| São Petersburgo | Szentpétervár | [sɛntpeːtɛrvaːr] |
| Seul | Szöul | [søul] |
| Singapura | Szingapúr | [siŋgɒpuːr] |
| Sydney | Sydney | [sidnɛj] |

| Taipé | Tajpej | [tɒjpɛj] |
| Tóquio | Tokió | [tokioː] |
| Toronto | Toronto | [toronto] |

| Varsóvia | **Varsó** | [vɒrʃoː] |
| Veneza | **Velence** | [vɛlɛntsɛ] |
| Viena | **Bécs** | [beːtʃ] |
| | | |
| Washington | **Washington** | [vɒʃiŋgton] |
| Xangai | **Sanghaj** | [ʃɒŋghɒj] |

www.ingramcontent.com/pod-product-compliance
Lightning Source LLC
Chambersburg PA
CBHW070603050426
42450CB00011B/2958